KB023270

스스로 생각하고 스스로 답을 찾는
야호 수학

스스로 생각하고 스스로 답을 찾는

야호
수학

권순현 지음

즐거운학교

프롤로그

즐거운 공부가
아이의 미래를 바꾼다

우리의 교육 현장에서 '수포자(수학을 포기한 학생)'는 더 이상 낯선 단어가 아니다. 고등학생의 75%, 중학생의 50%가 수포자라는 이야기도 있다. 한 일간지에서 학생 131명에게 언제 수학을 포기했느냐고 물었더니 33명이 중학교 2학년 때, 31명이 중학교 1학년 때라고 답했다. 중학교 2학년 이전에 수학을 포기한 학생의 비율이 70%를 넘은 것이다(세계일보 2014년 4월 7일 기사).

이처럼 많은 학생들이 수학을 싫어하고 있는 현실임에도 우리나라 학생들의 수학 성취수준은 매우 높은 것으로 알려져 있다. 실제 15세 학생을 대상으로 3년마다 실시하는 국제학업성취도평가(PISA)에서 우리나라 학생들의 수학 성취도는 경제협력개발기구(OECD) 회원국 34개국 중에서 1위이고, 전체 65개국 중에서는 3~5위를 차지했다. 반

면 수학 학습 흥미도는 가장 최근인 2012년도 평가에서 OECD 34개
국 중 28위를 기록했다.

수학에 대한 흥미를 묻는 '내적 동기'는 58위, 수학이 미래에 유용
할 것으로 생각하는 '도구적 동기'는 62위로 OECD 평균보다도 한참
낮았다. 이런 결과를 반영하듯 수학에 대한 스트레스를 반영하는 '수
학 불안감' 순위는 OECD 회원국 중 4위였다. 한편, 독일과 핀란드의
학생들은 성취도는 높지만 스트레스는 최하위권에 속해 우리와 대조
적인 모습을 보였다.

우리나라 학생들은 전 세계 어느 나라 학생들과 비교해도 밀리지
않을 정도로 많은 시간을 공부한다. 그렇게 많은 시간을 공부하고도
이만큼의 점수가 안 나온다면 그것이 오히려 이상할 것이다. 보건복
지부의『아동·청소년의 생활 패턴에 관한 국제비교연구』(2009)에 따
르면 우리나라 15~24세 학생의 평일 학습 시간은 학교 수업과 사교
육, 개인 공부 시간을 합쳐 7시간 50분으로 다른 OECD 국가의 평균
보다 일주일에 15시간 더 많이 공부하지만 학업성취도는 큰 차이가
없는 것으로 조사됐다. 그래서 시험 점수는 세계 최상위권이지만 교
과에 대한 흥미도나 자신감, 학교에서의 행복감은 명백히 전 세계 최
하위권이다.

수학 교육에 대한 열의는 매우 높지만 수학은 어느 사이엔가 학생

들이 가장 싫어하는 과목이 되어 버렸다. 싫어하니까 공부하지 않는
다. 공부하지 않으니까 모른다. 모르니까 성적이 떨어진다. 그래서 더
욱 싫어하게 된다. 이와 같은 악순환이 계속되고 있다.

"수업 시간에 이해가 안 된다. 그래서 짜증난다."
"공식이 도저히 외워지지 않는다. 그 시간에 차라리 다른 공부를
하는 게 낫다고 생각한다."
"수학은 왜 배워야 하는지 모르겠다. 수학 소리만 들어도 소름이
끼친다."

필자는 수업 중 학생들에게 수학 하면 떠오르는 것을 한 가지씩 이
야기해 보라고 한 적이 있다. 여러 가지 대답이 나왔지만 그 중 한 학
생의 답을 잊을 수 없다. 그 아이는 손을 부르르 떨면서 "선생님, 저
는 수학을 증오합니다."라고 말했다. 그 순간 수학을 가르치는 교사
로서 만감이 교차했다. 우리 학생들은 왜 이토록 수학을 싫어할까?

수학으로 고통 받는 학생들
시민단체 '사교육걱정없는세상'에서 학생들이 수학을 싫어하는 이유
를 조사했다. 조사한 바에 따르면(2015년) 1위가 배워야 할 양이 많아
서(59%), 2위가 수학 내용이 어려워서(57%), 3위는 학원 선행학습에

의해 자기주도적 학습능력이 떨어져서(41%), 4위는 필요하지 않는 학생들에게도 무조건 배우게 하기 때문(32%)이라고 한다.

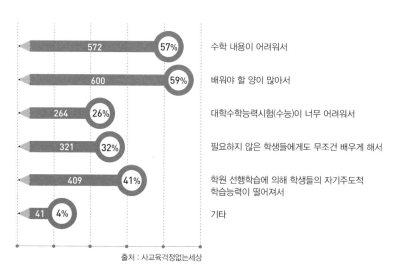

• 학생들이 수학을 싫어하는 이유 •

572   57%   수학 내용이 어려워서

600   59%   배워야 할 양이 많아서

264   26%   대학수학능력시험(수능)이 너무 어려워서

321   32%   필요하지 않은 학생들에게도 무조건 배우게 해서

409   41%   학원 선행학습에 의해 학생들의 자기주도적 학습능력이 떨어져서

41   4%   기타

출처 : 사교육걱정없는세상

그런데 우리 학생들이 처음부터 수학을 싫어했던 것은 아니다. 초등 1학년 때만 해도 수학에 흥미를 보이는 학생은 백퍼센트에 가깝다. 다음 표를 보면 고학년이 될수록 수학을 싫어하는 경향이 두드러지게 나타난다. 초등학생 때는 대부분 수학을 좋아했는데 중학교에서 고등학교로 올라가면서 수학을 싫어하는 학생들이 점차 늘어나는 결과가 나왔다.

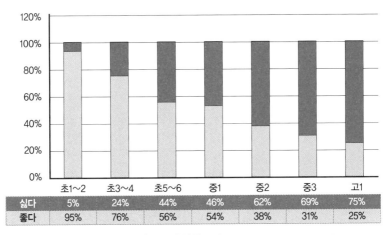

	초1~2	초3~4	초5~6	중1	중2	중3	고1
싫다	5%	24%	44%	46%	62%	69%	75%
좋다	95%	76%	56%	54%	38%	31%	25%

• 서울시 고등학교 1학년 400명 설문 조사(2011년, 수학과 수업지원단) •

첫 번째 원인은 상위 단계로 올라갈수록 수학 개념이 복잡하고 어려워지기 때문이다.

초등 1학년 때만 해도 수학을 좋아하는 학생들은 백퍼센트에 가깝다. 하지만 단순한 수 계산에서 벗어나 분수와 소수가 나오는 4학년, 복잡한 증명 문제가 등장하는 중학교 2학년, 새로운 개념이 쏟아지고 어려운 평면도형이 나오는 고등학교 1학년 시기에 많은 학생들이 수학을 포기하고 만다.

실제로 초등 3학년 때까지는 기초적인 수 개념과 연산 등을 배우다가 4학년이 되면 수의 범위가 소수까지 확장되고 도형 등도 구체적으로 등장하기 시작하는데, 이때 학생들이 부쩍 힘들어한다. 또 중등 과정에서는 구체적이지 않은 추상적 개념과 용어들이 많이 등장한다.

더불어 초등 때와는 다르게 늘어난 학습량도 원인이다.

　두 번째는 우리나라의 수학 교육이 공식을 암기해서 기계적으로 문제를 풀고, 심지어는 풀이법까지 외우는 학습 방법을 선호하기 때문이다.

　우리나라 학생들은 마치 수학 문제를 푸는 기계 같다. 어느 수학 선생님은 학생들에게 노트에 수학 문제와 풀이를 100번씩 쓰고 외우라고 한단다. 또 어떤 선생님은 시험 범위에 맞춰 단원의 주요 개념과 원리를 설명하고 공식을 외우게 한 뒤 시험에 나올 만한 문제를 찍어 그것만 풀게 한다. 사실 이렇게 반복해서 풀이법을 외우면 누구나 쉽게 풀 수 있다. 하지만 여기서 문제가 조금만 복잡해지거나 응용 문제가 나오면 학생들은 잘 풀지 못한다. 스스로 생각해서 풀이법을 찾아낸 것이 아니기 때문이다.

　고등학생 중에 수능 모든 영역이 1등급인데 수학만 2~4등급인 학생들이 종종 있다. 이런 학생들은 잘못된 방법으로 수학을 공부했기 때문에 아무리 공부해도 성적이 오르지 않는다. 어떻게든 대학에 가야 하니까 수학 문제를 유형별로 암기하다시피 하고, 시중에 있는 모든 문제집을 섭렵했다. 그리고 수능이 끝나면 공부했던 모든 수학을 그대로 머릿속에서 날려 버린다. 이것이 우리나라 수학 교육의 슬픈 자화상이다.

세 번째는 과도한 선행학습으로 학생들이 이미 수학에 지쳐 있기 때문이다.

한국교육개발원이 199개 초·중·고의 학생 1만 351명을 대상으로 선행학습 실태를 조사한 결과 초등학생의 53.3%가 영어, 60.3%가 수학 과목 선행학습 경험이 있었다(2016년). 영어는 22.8%가, 수학은 13.0%가 초등 4학년 혹은 그 전부터 선행학습을 시작한 것으로 나타났다. 우리나라 고등학생 10명 중 1명은 초등학생 때부터 고등학교에서 배우는 영어와 수학의 선행학습을 시작했다는 조사 결과도 나왔다. 특히 초등학생 때부터 고등학교 영어·수학 교과를 선행학습했다는 고등학생은 각각 7.5%로 나타났다. 조사에 응한 고2 학생 중 4.9%는 초등 4학년 이전에 고2 때 배우는 영어를 선행학습했다고 답했으며, 수학 역시 4.1%가 초등 4학년 이전에 선행학습을 한 것으로 조사됐다.

중학생의 경우에도 5명 중 1명꼴로 초등학생 때 중학교 영어·수학 선행학습을 했다. 고등학생보다는 중학생이, 중학생보다는 초등학생이 선행학습 참여 비율이 높은 것으로 나타났다. 문제는 자기주도학습 능력이 형성되기 전 초등학생 때부터 받는 사교육이 대다수 학생들의 학습 태도 형성에 나쁜 영향을 미칠 우려가 높다는 것이다. 이는 최근 급격히 늘고 있는 수포자 문제를 통해서도 단적으로 확인할 수 있다. 이미 초등 고학년부터 만연되어 있는 사교육에 의한 수학 선행학습은 학생들의 수학에 대한 흥미를 떨어뜨리고, 스스로 문제를 해결하는 능력을 상실시킨다.

수학으로 고통 받는 학부모

학생들만 수학 때문에 고통 받고 불행한 것은 아니다. 학부모 역시 수학 때문에 힘들다. '사교육걱정없는세상'에서 '수학에 대한 학부모 의식 조사'를 실시했는데, 그 결과 "매우 고통을 받고 있다"가 71%, "고통을 받고 있는 편이다"가 28%로 수학으로 인해 학부모의 99%가 힘들어하고 있는 것으로 나타났다(2015년).

다음은 한 학부모가 자녀의 수학 공부에 대한 고민을 한탄하는 말이다.

"우리 아이는 수포자이고 옆집 아이도 수포자예요. 시험은 코앞인데 시간은 늘 부족하고, 외워서라도 문제는 풀려야겠다는 생각뿐입니다. 수학 정말 밉네요. 아니, 공포스러워요! 엄마의 마음이 이런데 아이들은 오죽할까요. 수학 시간이 얼마나 지겹고 싫을까요. 수학 공부에 지쳐서 다른 과목까지 싫어하게 될까 봐 걱정이 들 때도 있어요. 수학을 재미있게 공부했으면 싶지만 그게 어디 혼자만의 노력으로 가능할까 싶습니다."

많은 학부모의 마음도 크게 다르지 않을 것이다. 게다가 2018학년도 수능부터 영어가 절대평가로 바뀌면서 대학 입시에서 수학이 그 어느 때보다 합격을 결정짓는 중요한 과목이 되다 보니 학부모는 더 불안하다. 그래서 과외나 학원 수를 더 늘려서 아이들을 공부로 몰아간다.

'사교육걱정없는세상'에서 우리나라 사교육비 지출에 대해 조사했는데, 월평균 사교육비가 24만 2천 원이었다. 그 가운데 수학 사교육비는 전년 대비 3.3%가 늘어난 것으로 나타났는데 해마다 꾸준하게 상승하는 추세였다(2014년).

도대체 누구를 위한, 무엇을 위한 수학 교육인가? 수많은 학생들은 수포자가 되어 절망하고, 학부모는 사교육비를 대느라 허리가 휘고 있는데 우리는 이러한 수학 교육을 계속해야 하는 걸까?

수학으로 고통 받는 교사

일선에서 수학을 가르치는 교사들의 고통도 만만치 않다. 수업 시간에 "선생님이 무슨 말을 하는지 하나도 모르겠어요." "저는 수학 포기했으니까 신경 쓰지 마세요."라는 말을 듣는 것은 더 이상 충격적이지도 않다. 학년이 올라갈수록 수학 수업은 진행이 어려워진다. 고등학교 3학년 문과반은 한 반에서 3명, 많아야 10명 정도 수업에 참여한다. 나머지 학생들은 몰래 다른 과목을 공부하거나 아예 책상에 엎드려 잠을 잔다. 수학은 해도 안 된다고 생각하기 때문이다.

필자도 수업 시간이 참 힘들었다. 즐거운 수업 시간을 만들겠다고 의욕에 넘쳐 준비해서 들어가지만 아이들은 수업 중에 잠을 자거나 옆 사람과 떠들고, 심지어는 마음대로 돌아다니기도 했다. 결국에 자포자기 심정으로 몇몇 학생들만 데리고 수업하는 꼴이 되어 버렸다. 그런 상태로 몇 년이 흘러가면서 교사로서 생명력을 잃어 버린 것이 아닐까라는 자괴감으로 교직을 그만두어야 한다는 생각이 강하게 들었다. 하지만 이대로 포기할 수는 없었다. '분명히 길은 있을 것이다'는 생각을 품었고, 그 길을 찾기 시작했다.

수학 공부가 즐거울 수 있도록, 그래서 우리 아이들이 수학 공부의 기쁨을 맛볼 수 있도록 노력하는 것이 교사와 부모의 사명이라 생각한다. 필자는 이 책에서 수학이 얼마나 재미있고 즐거운 것인지를 경험할 수 있는 새로운 수학 공부법에 대해 이야기하려고 한다. 그리하여 잠자는 두뇌를 깨우고 창의성 있는 인재로 만드는 데 꼭 필요한 수학의 힘을 깨닫게 할 것이다.

Contents

$\pi = 3.14$

제1장

스스로
원리를 찾는
유레카 수학이
진짜다

배움에는
즐거움이 필요하다

우리나라 초·중·고 학생들을 대상으로 공부에 대한 태도를 조사했는데 그 결과는 매우 충격적이었다. 부산교육연구소에서 '부산 지역 학생의 학업 무기력 실태 조사'를 한 결과를 보면(2013년), '나는 공부를 아무리 열심히 해도 안 된다'는 질문에 초등학생 5.2%, 중학생 19.4%, 고등학생 13.0%가 그렇다고 대답했다. 또 '나는 공부에 대한 걱정으로 마음이 편치 않다'는 질문에 초등학생 9.9%, 중학생 32.5%, 고등학생 43.6%가 '자주 혹은 언제나 그렇다'고 답했다. 조사 결과를 보니 학년이 올라갈수록 공부에 대해 무기력증이 심해지고 공부 스트레스에서 벗어나지 못하는 악순환을 겪고 있었다.

바야흐로 평생 학습의 시대이다. 변화가 빠르고 예측이 어려운 때일수록 시대의 변화를 정확히 읽고, 그에 필요한 준비를 하는 것이 중요하다. 따라서 평생 학습의 시대에는 스스로 배움을 추구하는 사람이 주목을 받을 것이다. 억지로 시키는 대로만 공부했던 사람보다는, 공부를 즐기며 자기주도적으로 했던 사람이 인재가 될 확률이 높기 때문이다. 배움에 대한 흥미와 즐거움을 지닌 사람이다. 한마디로 공부가 즐거웠던 기억이 있어야 평생 학습할 수 있는 저력을 키울 수 있다.

학습자가 배움에 대해서 흥미를 갖고 있다면 당장은 이해를 못해서 어려움이 있더라도 배우는 것이 재미있기 때문에 포기하지 않고, 적극적으로 탐구하여 언젠가는 성과를 이루어 낸다. 배움에 대한 흥미가 있으면 긍정적인 마인드와 인내력, 집중력을 발휘한다. 학창 시절에는 공부의 즐거움을 몰라 허송세월을 보내다가 뒤늦게 향학열이 불타올라 늦은 나이에 검정고시를 통하여 대학에 입학하고 계속해서 박사학위까지 취득하는 이들의 성공담을 들어 보지 않았는가.

그런데 우리 아이들은 점점 배움의 즐거움을 잃어 가고 있다. 오직 대학에 가기 위해 억지로 공부를 하다 보니 배움의 즐거움을 경험하지 못하는 것이다. 갈수록 수포자가 늘어나는 이유 또한 수학을 배우고 공부하는 즐거움이 없어서이다. 우리 아이들에게는 즐거운 수학이 필요하다. 앞으로 이야기할 유레카 수학이 그 예가 될 것이다.

필자가 교사를 대상으로 강의를 진행할 때 가장 먼저 하는 일은 다음 표를 보여 주면서 가장 바람직한 수업(학습)이라고 생각하는 순서를 만들어 보게 하는 것이다.

	수업(학습)에 대한 재미(흥미)	수업(학습) 내용에 대한 이해
A	○	○
B	○	×
C	×	○
D	×	×

- A 상황 : 수업(학습)이 재미(흥미)있고 수업(학습) 내용을 이해한 경우.
- B 상황 : 수업(학습)이 재미(흥미)는 있지만 수업(학습) 내용을 이해하지 못한 경우.
- C 상황 : 수업(학습)이 재미(흥미)는 없지만 수업(학습) 내용을 이해한 경우.
- D 상황 : 수업(학습)이 재미(흥미)도 없고 수업(학습) 내용을 이해하지 못한 경우.

가장 바람직한 수업(학습)의 순서를 다음에서 택하시오.

① A ⇒ B ⇒ C ⇒ D

② A $\Rightarrow$ C $\Rightarrow$ B $\Rightarrow$ D

③ A $\Rightarrow$ B $\Rightarrow$ D $\Rightarrow$ C

대부분의 연수 참가자들은 ②가 70%, ①이 30% 정도이고, ③은 가끔 1~2명이 선택했다.

그러면 다시 C의 상황, 즉 수업(학습)에 대한 재미(흥미)는 없는 상황에서 억지로 이해시킬 경우 학습 효과 면에서 어떤 영향을 미치는지 모둠별로 적어 보게 하고 발표를 했더니 다양한 내용들이 나왔다.

학생들에게 미치는 영향으로는 '과목을 싫어한다' '교사를 싫어한다' '학교도 싫어한다' '수업 중 잠을 잔다' '다른 친구를 괴롭히며 딴짓한다' '성적이 떨어진다' '수업을 방해한다' '지루해 한다' 등의 많은 의견이 나왔다

교사에게 미치는 영향으로는 '화가 나다가 좌절한다' '아이들이 미워진다' '가르칠 의욕을 잃고 우울해진다' '교사라는 직업에 회의를 느낀다' '기계적으로 수업하게 된다' '방학만 기다린다' 등의 다양한 의견이 나왔다.

마지막으로 학습에 미치는 영향으로는 '금방 배운 내용조차 잊어버린다' '성적이 떨어진다' '학생들의 학습 동기 부여 저조' '역효과로 공부에 대한 반감이 생긴다' 등의 의견들이 쏟아져 나왔다.

이처럼 학습에 대한 흥미와 자발적인 동기가 없는 상태에서 학습 내용을 이해시키려면 학생과 교사, 학부모 모두 깊은 상처를 받는다. 흥미 없는 아이에게 억지로 이해시키기 위해서 부모와 교사는 아이에게 강요하거나 통제하고, 심지어는 야단을 친다. 이런 상황에서 아이들은 억지로 참으면서 공부를 하거나 반항을 한다. 결국 학습에 대한 흥미는 더 떨어지는 악순환이 계속되는 것이다.

　교사 중심의 단순 주입식 교수-학습으로 이루어진 수업은 아이들의 흥미와 학습 동기를 이끌어내지 못하고 있다. 흔히 아이들에게 수학 공부를 열심히 하면 머리가 좋아진다고 이야기하지만 현재 우리나라 수학 교육으로는 오히려 공부하면 할수록 머리가 나빠지게 될 뿐이다. 공식을 암기하고, 기계적으로 문제를 풀고, 심지어는 풀이법에 예상 문제까지도 외우게 하는 학습법으로 아이들의 두뇌활동을 키우고 진정으로 수학을 좋아하게 할 수 있을까? 계산과 암기 위주의 교육은 두뇌활동을 단순화시켜 오히려 화석화시킬 뿐이다.

　수학은 사고력과 상상력을 많이 필요로 하는 학문이다. 그런데 단순 주입식 수업에 길들여져 생각하는 힘을 잃어 가고 있는 상황에서는 수학 교육의 궁극적 목적인 창의력을 키울 수 없다.

　필자는 매년 학기 초에 진단평가와 더불어 학생들과 서로 지켜야 할 규칙을 세운다. 다음 4가지 항목을 학생들이 기록하게 하고, 모둠

장이 모둠원들의 의견을 모아서 칠판에 기록하게 한다. 4가지 항목
은 다음과 같다.

1. 학생 수준 파악하기.

2. 수업 시간에 선생님에게 바라는 점, 요구하고 싶은 것.

3. 수업 시간에 선생님이 학생들에게 바라는 것.

4. 상, 벌점에 관한 의견.

이 중에서 두 번째 항목을 학생들이 칠판에 기록한 내용을 보면
다음과 같다.

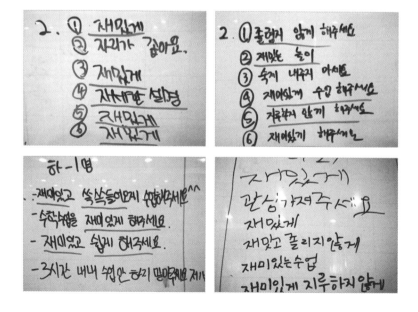

여기서 재미있는 수업을 해달라고 하는 것은 교사에게 개그맨이 되어 달라는 것이 아니다. 아이들은 배움의 즐거움이 있는 수업을 원하고 있는 것이다.

한 방송사에서 4개 고등학교의 학생 800명을 대상으로 수업에 관련된 설문 조사를 실시해서 방영한 적이 있다(2016년). 첫 번째 질문은 '수업 하면 떠오르는 느낌은 무엇인가?' 하고 물었는데 압도적으로 '재미없다' '졸립다' '지루하다'가 많이 나왔다. 다음 질문은 '그렇다면 원하는 수업은 무엇인가?'라고 물었더니 가장 많이 나온 대답은 '재미, 즐거움'이었다.

아이들이 공부는 열심히 하지만 억지로 마지못해서 하는 것이라면, 지금 당장은 좋은 성적을 받을지라도 긴 인생을 앞에 두고는 성공을 장담하기 어렵다. 배움에 대한 즐거움이 없는데 어떻게 인공지능 시대의 변화에 발맞추어 인류의 문제를 해결하는 우수한 인재가 되겠는가.

앞으로 이 책에서 이야기할 수학 공부법은 스스로 생각하고 고민하여 문제를 해결하고, 그 과정에서 공부의 즐거움을 만나며, 나아가 인내하고 도전하는 열정을 만들어 내는 즐거운 수학이다.

긍정이 창의성과
문제해결능력을 키운다

지난 수십 년간 수많은 교육학자들은 창의성과 문제해결능력을 향상 시킬 수 있는 방법을 찾기 위해 노력해 왔다. 그러나 대부분 큰 성과 를 거두지 못했다. 창의성은 어떠한 지식이나 기술을 습득한다고 해 서 향상되는 것이 아니기 때문이다.

그럼에도 지금까지의 연구 결과를 종합해 보면 창의성과 문제해 결능력을 향상시킬 수 있는 가장 확실하고도 유일한 방법은 긍정적 인 정서를 유발시키는 것뿐이다. 긍정적인 정서가 문제해결능력이나 판단력을 관장하는 전두엽의 기능을 활성화시킨다는 연구 결과가 나 왔기 때문이다. 반면 스트레스나 짜증, 분노, 공포 등의 부정적인 정서 는 편도체를 활성화시키는데 이는 전두엽의 기능을 현저하게 약화시 켰다.

우리 뇌의 변연계에서 기억은 해마가 담당하고 감정은 편도체가 담당하는데, 이 둘은 서로 밀접한 협조 체제로 작동한다. 지각된 정보가 편도체를 거치면서 감정을 수반한 정보로 변해서 해마로 들어올 때 장기기억으로 저장된다는 것이다. 반면 편도체를 거치지 않은 억지로 암기한 무미건조한 정보는 그만큼 빠르게 망각된다. 즉 '감정이 실린 지식'이 더 오래 기억된다는 말이다. 지식은 감정에 영향을 미치고, 감정은 지식에 영향을 미치는 것이다.

중요한 순간일수록 부정적 정서를 가라앉히고 긍정적 정서를 스스로 유발하여 자신의 기분 상태를 신나고 즐겁게 유지할 수 있는 사람일수록 높은 수준의 문제해결능력을 발휘했다. 감정 조절을 스스로 잘 해낼 수 있는 사람이 창의성과 문제해결능력을 발휘할 수 있다는 것이다. 여기서 감정 조절은 분노나 짜증 등 부정적인 감정을 억누르는 것만을 의미하는 것은 아니다. 그보다는 필요한 때에 긍정적인 감정을 불러일으킬 수 있는 능력이 더 중요하다.

코넬 대학교 앨리스 아이센Alice Isen 교수팀은 지난 30여 년간 수많은 연구를 통해 긍정적인 정서가 창의성과 문제해결능력을 현저하게 향상시킨다는 사실을 입증하였다.

아이센 교수는 학생들을 두 그룹으로 나눠서 한 그룹에게는 5분 동안 재미있는 코미디 영화를 보여 주었다Isen, Daubman & Nowicki, 1987. 학생들은 깔깔대며 즐겁게 영화를 봤다. 다른 그룹에게는 별다른 감정을 불러일으키지 않는 (하지만 논리적 사고를 자극하는) 수학적 내용에 관한 영화를 보여 주었다. 그러고는 이들에게 각각 10분을 주고 탐구 문제를 풀어 보게 했다. 결과는 놀라웠다. 깔깔대며 즐겁게 코미디 영화를 본 그룹은 75%가 10분 내에 문제를 풀었다. 그러나 논리적 사고를 자극하는 수학에 관한 영화를 본 그룹은 단 20%만이 문제를 풀었다. 물론 두 학생 그룹 사이에 지능이나 학력 수준에 차이가 있었던 것은 아니다. 다만 코미디 영화를 보면서 잠시 웃었다는 사실, 즉 긍정적 정서가 유발되었다는 사실이 이러한 큰 차이를 가져왔던 것이다.

또 다른 실험에서 아이센 교수팀은 사탕을 나눠 주어 긍정적 정서를 유발하기도 했다. 실험 참가자들에게 감사의 표시라고 하면서 자그마한 사탕 몇 개를 주어도 참가자들은 기분이 좋아졌다. 그렇게 약간이나마 좋아진 기분이 가져오는 효과는 확실했다. 사탕을 받은 사람들은 그렇지 않은 사람들에 비해 다른 종류의 창의성 테스트 문제도 더 잘 풀었다.

사실 긍정적 정서가 여러 가지 문제해결능력을 높인다는 사실은 아이센 교수의 실험 이전부터 어느 정도 알려져 있었다. 많은 연구들이 긍정적 정서가 사고의 유연성을 높이고, 창의성과 문제해결능력을 향상시키며, 집중력과 기억력을 증진시켜 인지능력의 전반적인 향상을 가져온다는 것을 밝혀냈다. 긍정적 정서가 어떻게 이런 놀라운 일을 하는가에 대해서 처음에는 많은 추측만이 있었을 뿐 뚜렷하게 밝혀진 바가 없었다. 그러다가 1990년대 후반에 들어서 이것이 도파민dopamine의 효과라는 이론이 제시되었으며Ashby, Isen & Turken, 1999, 많은 학자들이 이에 동의하고 있다.

긍정적 정서는 뇌의 도파민 수치를 일시적으로 향상시킨다. 물론 도파민 수치가 높아졌다고 해서 무조건 기분이 좋아지는 것은 아니나, 기분이 좋아지면 도파민이 많이 분비되고 이는 뇌의 다양한 영역을 활성화시키며 인지능력이 향상된다. 도파민에 대해 신경세포들이 더 민감하게 반응하는 유전자를 지닌 사람들이 외향적이고 쾌활한 성격을 지녔음을 밝혀낸 연구도 있다Depue & lacono, 1989; Depue, Luciana, Arbisi, Collins & Leon, 1994.

도파민은 신경섬유의 말단부에서 분비되는 물질로, 인간의 본능과 감정, 호르몬 및 운동 기능을 조절한다. 도파민은 뇌에 새로운 것이 들어오면 분비가 활발해지면서 집중력을 높이고 탐구력과 창의력을 움직인다. 그래서 학습의 경험이 유쾌하면 뇌는 도파민을 분비함으로써 학습을 지속시키려고 한다.

도파민은 자기 수준에 맞는 단계, 혹은 약간 높은 단계의 성취를 이루었을 때 더욱 많이 분비된다. 스스로 이룩한 업적에 대해서는 더 많은 도파민이 분비된다고 알려져 있다. 여기에 주변의 칭찬까지 더

해진다면 우리의 뇌는 즐거운 학습 경험을 반복할 것이고, 이 반복되는 학습으로 인하여 뉴런의 신경회로가 증식되고 새로운 신경회로도 만들어질 것이다. 이러한 원리에 기초한 것이 '도파민 학습법'이다.

도파민 학습법을 적용하여 배움의 즐거움을 키우고 학습 효과를 높이는 것이 바로 앞으로 이야기할 유레카 수학이다.

인간이 습득하는 지식은 마치 그물과 같은 형태로 기억 속에 기록되고, 각 단위지식(그물의 매듭)은 서로 복잡하게 연결된다. 기분이 좋을 때는 이러한 매듭이 막힘없는 문제해결을 위해 기억에 보유된 모든 지식을 동원한다. 신경전달물질이 원활하게 움직여 시냅스synapse의 전도를 활발하게 함으로써 뇌의 문제해결능력을 높인다. 하지만 기분이 나쁜 상태에서는 매듭의 일부가 우울한 기분을 극복하는 데 쓰이기 때문에 그만큼 문제해결능력이 떨어진다는 것이다.

우리나라의 한 교육 다큐멘터리에서 초등 4학년 학생들을 대상으로 한 실험을 소개했다. 평소 수학 평균점수가 거의 같은 학생들을 두 그룹으로 나누었다. 두 그룹의 학생들은 같은 수학 시험을 볼 예정이지만 시험을 보기 전 10분 동안 하는 일이 달랐다. 한 그룹은 지난 일주일 동안 자신을 기분 나쁘게 하고 짜증나게 했던 일들을 5가지 적어 보라고 했다. 다른 한 그룹은 지난 일주일 동안 자신을 기분 좋게 하고 행복하게 했던 일들을 5가지 적어 보라고 했다.

이렇게 두 그룹은 각각 부정적 감정과 긍정적 감정을 적은 후 같은 수학 시험을 보았다. 시험 결과는 어떻게 나왔을까? 부정적 감정을 적었던 아이들은 73.5점, 긍정적 감정을 적었던 아이들은 78.6점을 기록하며 평균 5점이라는 큰 점수 차이를 보였다. 실험을 주도했던 학교의 선생님도 놀라움을 감추지 못했다.

"놀랐죠. 사실 반신반의하면서 실험에 참여했거든요. 짧은 시간이었는데 10분의 경험이 평균 5점의 큰 차이를 가져와서 저도 깜짝 놀랐습니다."

많은 학부모의 바람은 아이가 스스로 공부 좀 했으면 하는 것이다. 하지만 그것이 여의치 않으니 아이에게 공부하라고 잔소리를 하고, 그나마 관리를 하니 이 정도의 성적도 유지되는 것이라는 말을 많이 한다. 하지만 사실은 다르다. 부모에게 꾸중을 듣고 하는 공부는 결코 좋은 결과를 가져올 수 없다. 학습에 있어 가장 중요한 것은 긍정적인 감정이기 때문이다.

감정은 지식의 습득을 돕고, 역으로 풍부해진 지식은 감정을 더욱더 풍요롭게 만든다. 공부를 잘하고 싶으면 자신의 감정 표현에 솔직해야 한다. 그것이 뇌가 요구하는 최고의 공부법이다. 즐거운 마음 없이, 자발적인 내적 동기 없이 억지로 하는 공부, 무조건적인 암기에만 매달리는 공부는 아무런 소용이 없다. 잠자는 시간을 줄여 가면서 죽어라고 공부하는 것은 뇌를 망가뜨리는 것과 같다. 어쩔 수 없이 해야 하는 공부라면 혼내고 잔소리해서 책상에 앉히는 것보다는, 아이의 마음과 상황에 공감해 주고, 공부하는 그 순간만큼은 긍정적인 감정을 가질 수 있도록 도와주는 것이 아이의 학습 효과를 더 높이는 비결인 셈이다.

살아 있는 지식을 적극적으로 탐구하는 창의적인 학습은 내적 동기와 즐거움이 있을 때 비로소 창조의 결실을 얻을 수 있다. 아이들에게 편안하고 즐거운 마음으로 공부할 수 있도록 환경을 마련해 주는 그 자체만으로도 몇 배의 학습 효과를 가져다 줄 수 있는 것이다. 이런 면에서 유레카 수학은 스스로 탐구하여 얻은 기쁨과 즐거움이 있으며, 학습 내용이 장기기억으로 저장되어 학습 효과를 극대화시킬 수 있다.

수학 공부 더 이상
가르치지 마라?

수학 교육의 목적은 창의적인 사고력을 기르는 데 있다. 그런데 우리의 현실은 어떠한가? 고등학생 수포자가 75%에 이르고, 수학에 대한 흥미도는 OECD에서 하위권이다. 그마저 수학을 공부하는 아이들도 대학 가기 위해서 마지못해 버티다가 수능이 끝나면 그동안 힘들게 공부했던 수학을 머릿속에서 말끔히 날려 버린다. 대한민국에서 수학은 아이들을 성적순으로 줄 세우는 변별력의 도구 그 이상도 이하도 아니다. 엄청난 사교육비와 교육열로 모든 학생들을 압력솥 같은 교육 시스템에 넣어 평균점수는 올리지만, 진짜 학습 목적인 창의적인 사고로 문제를 해결하고 새로운 길을 개척하는 인재를 길러내는 데는 결함이 있는 것이 우리나라의 수학 교육이다. 부모들은 허리띠를 졸라매며 사교육에 돈을 쏟아붓고, 아이들은 밤잠을 줄여 가며 공부만 해서 얻은 결과가 이것이다.

우리나라의 수학 교육은 암기한 공식만 잘 적용한다면 창의성이나 직관력, 사고력 등은 안중에도 없다. 문제를 많이 풀어서 정답을 잘 찍으면 된다. 질문을 하지 않는 교실에서, 문제 푸는 기계처럼 하나도 안 틀리는 반복 훈련을 받아 서울대에 입학한 학생들이 A학점을 받으려고 교수의 토씨까지 베끼는 것이 우리의 현실이다. 인공지능이 일자리의 절반을 차지할 것이라는 대변혁의 시대에 이런 교육을 받은 우리 아이들이 살아남을 수 있을까.

이제 그 누구 하나 행복하지 않고 수포자만 양산하는 잘못된 수학 교육의 악순환을 끊어야 한다. 학교에서는 교사가 끊어야 하고, 집에서는 부모가 끊어 주어야 한다. 이 악순환을 끊는 방법은 단 하나이다. 수학을 절대로 '일방적으로' 가르치지 말고, 가르침을 받지도 않는 것이다!

요즘 아이들은 과거에 비해서 훨씬 똑똑하지만 문제를 풀다가 막히면 손을 놓고 더 이상 풀려 하지 않는다. 어려운 문제를 해결하려는 의지와 힘이 줄어들었다. 그 이유는 '많이 가르쳤기' 때문이다. 학교에서, 학원에서, 과외에서, 심지어는 집에서도 수학을 가르치고 가르침을 받는다. 아이들은 많은 가르침 속에서 지식을 수동적으로 받아서 이해하고 암기하는 데 익숙해져 버렸다. 바로 먹여 주는 수학이다. 아이들은 선생님이 가르치는 대로 받아서 먹기만 했다. 때로는 자기 취향에 맞는 요리를 찾아 스스로 만들어 보아야 요리 실력이 느는 법인데, 수동적으로 받아 먹기만 하니까 이게 어떤 재료로 어떻게 만든 요리인지 알지 못한다. 새로운 문제가 나왔을 때 능동적으로 해결하지 못한다. 선생님과 학원 강사가 풀어 주는 것을 구경만 하다 오니 알 턱이 있겠는가.

대표적인 것이 선행학습이다. 선행학습은 수학을 인스턴트식으로 기존의 기출 문제 위주로 되풀이해서 푸는 학습, 즉 '도돌이표' 학습 방식을 취하고 있다. 공식이 도출된 이유에 대한 고민과 원리에 대한 증명 과정은 선행학습에서 찾아보기 힘들다. 선행학습에서 추구하는 단순한 문제 풀이식 공부 습관은 고등학교 상급 학년이 될수록 한계가 드러난다. 개념에 대한 충분한 이해 없이 단순 문제 풀이에 익숙해진 아이들은 학습의 난이도가 올라가고 종합적 응용력이 필요한 시기가 되면 선행학습의 효과가 없음이 드러나고 만다. 일방적으로 가르침을 받는 순간에는 진정한 배움이 일어나지 않는다. 지식을 획득하여 무언가를 배웠다고 느낄 뿐이다.

'디지털 치매'라는 말이 있다. 휴대전화나 PDA, 컴퓨터 등 다양한 디지털 기기에 의존한 나머지 기억력이나 계산 능력이 크게 떨어진 상태를 말한다. 휴대전화를 사용하기 시작한 이후로는 더 이상 가족의 전화번호를 기억하지 못하고, 노래방 반주 화면의 가사 자막 없이 부를 줄 아는 곡이 거의 없고, 내비게이션 없이는 길을 찾아 나서지 못하는 여러 가지 현상이 있다. 이와 같이 디지털 기기에 의존한 나머지 두뇌 활용 능력이 저하되는 상황은 한참 전두엽을 사용하여 사고력과 창의력을 키워야 하는 아이들에게는 치명적일 수밖에 없다. 무조건 편리한 것만 중요한 것이 아니다.

수학에서도 마찬가지이다. 학교나 학원 등에서는 내비게이션을 통해 길을 안내하는 것처럼 문제 푸는 방법을 아주 자세히 안내해 주는 데 급급하다. 내비게이션의 안내만을 따라가는 데 익숙해지면 새로운 길을 갈 때마다 계속 안내를 받아야만 한다. 새로운 길과 문제를 만났을 때 능동적으로 해결하려는 의지는 점점 줄어든다. 이른바 내비게이션 수학의 폐해이다. 이것이 오늘날 수학 교수-학습의 모습니다.

필자는 앞으로 이야기할 유레카 수학을 통해 수학을 가르치지 않고, 가르침을 받지도 않는 방법으로 재미있게 수학을 공부하며, 나아가 수학의 고수가 되는 길을 열어 갈 것이다.

첫째, 부모와 교사는 가르치지 말고 질문해야 한다.

둘째, 아이들은 무조건 가르침을 받지 말고 먼저 스스로 생각하고 도전해야 한다.

셋째, 오히려 아이들이 부모나 교사(수업에서 짝꿍)에게 가르치고 설명해야 한다.

필자가 이야기할 수학 학습법은 유레카 수학으로 시작하여 메타인지 학습법으로 완성하는 완전한 공부법, 아이들이 즐겁고 행복한 '야호 수학'이다.

가르치지 말고
질문하라

몇 년 전 교육계에 큰 반향을 불러일으켰던 교육 다큐멘터리가 있다. 총 3편으로 구성된 〈거꾸로 교실〉이다. 방송 중 소개된 '거꾸로 교실 수업'은 말 그대로 수업과 숙제를 하는 장소를 뒤바꾼 방법이다. 무기력한 교실을 바꾸기 위해 미국 교사 조나단 버그만Jonathan Bergmann 과 아론 샘즈Aaron Sams가 2007년 첫 도입한 '플립트 클래스룸Flipped classroom'을 시도해 보자는 것이었다. 한 중학교와 초등학교에서 한 학기 동안 실험이 진행됐다.

교실에서 하는 강의식 수업을 동영상으로 만들어 학생들에게 집에서 미리 예습해 오도록 하고, 교실에서는 수업 대신 다양한 활동으로 공부의 재미와 깊이를 더해 준다는 개념이다. 강의식으로 수업을 진행할 때에는 학생들이 지루해하고 연신 하품을 해대며 꾸벅꾸벅 조는 수업 분위기였는데, 거꾸로 교실 수업을 도입하자 첫날부터 반응이 대단했다. 오후 2시의 5교시 수업인데도 조는 학생이 한 명도 없었다. 떠들썩한 가운데서도 모두가 스스로 과제를 잘 수행해 나갔다. 강의식 수업에서는 소극적이었던 아이들은 과제를 수행하기 위해서 토론하고 선생님에게 끊임없이 질문을 하기도 했다. 한마디로 교실이 살아 있었다. 그렇게 한 달 동안 거꾸로 교실 수업을 진행하고 중간고사를 본 결과는 정말 놀라웠다. 중하위권 학생들이 대거 상위권으로 올라간 것이다. 학부모들의 반응도 뜨거웠다. 참가한 교사들은 이런 결과에 스스로 놀라면서 매우 만족해 했다.

'거꾸로 교실 수업'은 교실에서 이루어지는 교사의 수업을 10분 분량의 동영상으로 대체하고, 이를 수업 전에 학생들에게 미리 보게 한 후 수업을 시작하는 것이다. 수업 시간에는 그날의 진도에 맞는 문제를 스스로 풀거나 친구들과 토론을 통해 복습하는 방법이다. 한마디로 수업 전에 미리 동영상을 보고 개념을 익힌 후 교실에서는 다양한 활동으로 과제를 해결하거나 협력하여 문제를 풀어 가는 것이다. 교사는 질문하는 학생에게 개별 보충 설명을 한다.

이 단순한 발상은 교실에 놀라운 변화를 가져왔다. 거꾸로 교실을 진행하면서 교사와 학생 간의 유대 관계는 높아지고, 공부에 흥미가 없었던 아이들의 학습 의욕을 자극하는 효과를 낳았다. 거꾸로 교실 수업을 통해 교사가 가르침을 줄일수록 오히려 아이들에게서 배움이 잘 일어나는 것을 볼 수 있었다. 한마디로 수업의 혁신이었다.

진정한 배움이 일어나기 위해서 가장 먼저 해야 할 일은 교사나 부모는 가르침을 줄이고, 학생은 스스로 답을 찾아 나가야 한다. 일방적으로 가르치고, 수동적으로 가르침을 받는 순간 생각(사고)이 멈추고 그 지식을 받아들이기에만 급급해진다.

- 가르치지 말고 질문하라.
- 가르치지 말고 경청하고 칭찬하라.
- 가르치는 티처teacher가 되지 말고, 촉진자 · 안내자 · 조력자인 퍼실리테이터facilitator가 되라.
- 가르치지 말고 코칭하라.

이것은 필자의 교육철학이기도 하며 인성 및 교육 분야에서 최고라 인정받는 유대인의 교육 방법이기도 하다. 유대인의 인구는 세계 인구의 0.2%이다. 그런데 정치와 경제, 학계에 뛰어난 인물들을 많이 배출해 왔다. 비결은 바로 남다른 자녀 교육의 힘이다. 유대인은 다양한 견해와 관점, 시각을 갖게 하는 질문을 통해 자녀 교육을 완성한다고 알려져 있다. 정답이 정해져 있지 않는 질문, 스스로 깨달을 수 있도록 생각을 여는 질문이 핵심이다. 물론 학교에서도 질문과 토론 방식으로 수업이 이루어진다.

방법은 간단하다. 아이들의 호기심을 불러일으켜 뇌를 움직일 수 있는 질문을 던진다. 그리고 아이들이 대답하는 것을 잘 들어 준다. 어떤 대답을 하더라도 인정해 주며 칭찬한다. 가르치지 않고 경청하고 질문하는 순간 아이들에게는 다른 세계가 열린다. 마음이 열리고, 뇌가 작동하고, 신경계가 반응하고, 전 인격이 반응하면서 꽁꽁 묶여 있던 잠재력이 꿈틀거리며 반응하기 시작한다. 이것이 반복되면 번뜩이는 영감과 통찰력이 발휘되어 사회 문제와 인류 문제를 해결할 수 있는 인재가 되는 것이다.

스스로 답을 찾는 유레카 수학

수학 공부에서 가장 중요한 것은 무엇일까? 개념 익히기? 심화문제 풀기? 수학은 무엇보다 재미있어야 한다. 필자는 평소 수학에 재미만 붙여도 반은 성공한 것이라고 이야기하는데, 일단 수학에 재미와 맛을 들이면 수학적 감각을 키우는 것은 쉽기 때문이다. 많은 학부모와 학생들이 수학적 감각은 타고나는 것으로 생각해 실력이 잘 오르지 않으면 쉽게 포기하는 경향이 있는데, 수학적 감각은 길러지는 것이다. 수학 공부가 재미있어지면 그동안 발휘하지 못했던 수학적 두뇌가 살아나면서 어려웠던 수학 문제가 풀리고, 수학의 참맛을 알게 되는 것이다. 이것이 필자가 앞으로 이야기할 유레카 수학의 통쾌함이다.

유레카 수학은 수학의 둔재도 가능하다. 수학을 잘 못하거나 흥미를 갖지 못하는 아이에게 초등 저학년이 5분이나 10분 정도면 풀 수 있는 난이도 낮은 문제들로 수학에 접근시킨다. 수학을 못한다고 구박만 받다가 스스로 풀 수 있는 문제가 있다는 것을 조금씩이라도 경험하면 '나도 하면 되는구나!'라는 자신감이 생긴다. 개념이나 공식이 주어지지 않아도 문제를 해결하고, 수학의 낯선 문제들이 더 이상 두렵지 않을 때가 부모와 함께 유레카 수학을 시작할 수 있는 때이다.

처음으로 덧셈을 배운다고 가정해 보자. 3+5는 무엇인지 물으면 아이는 어떤 도구나 손가락을 사용하여 문제를 해결한다. 덧셈을 반복할수록 차츰 도구를 사용하지 않고 머릿속으로 생각하여 문제를 풀어낸다. 처음에는 인상을 쓰면서 이리저리 궁리를 하지만 아이는 결국 문제를 해결해 낸다.

이때 무엇보다 중요한 것은 부모의 인내심이다. 아이가 힘들어할 때 부모는 절대 조급한 마음을 가져서는 안 된다. 정답을 쉽게 찾는 '요령'을 가르쳐 주어서도 안 된다. 아이에게 필요한 것은 끝까지 포기하지 않도록 이끌어 주는 부모의 격려이다. 부모의 격려를 받은 아이는 생각에 집중하게 되고, 집중의 순간 어떤 번뜩임에 의해서 문제를 해결하고 "유레카!"를 외칠 것이다. 이때 부모는 칭찬을 아끼지 말고 아이의 능력을 마음껏 인정한다. 아이는 작은 칭찬에도 반응하여 조금 더 어려운 문제에 도전하는 것도 두려워하지 않는다. 이것은 아이에게 수학의 개념이나 원리를 일방적으로 가르쳐 준 다음에 계산 연습을 하는 것과는 차원이 다르다. 수학은 한 문제를 푸는 데서 끝나는 것이 아니다. 논리적으로 생각하고, 왜 그렇게 되는지 스스로 알아가는 과정이 더 중요하다. 필자가 유레카 수학을 적극 권하는 이유이기도 하다.

초등학생은 대부분 수학을 좋아하고 흥미를 느끼는데, 2학년 때 도형을 배우기 시작하면서 어려움을 느끼는 아이들이 있다. 원, 삼각형, 사각형, 오각형, 육각형 등의 개념을 배울 때는 단순히 이름과 특징을 외우게만 하지 말고, 왜 그런 이름이 붙었는지 아이 스스로 특징을 찾아내고, 이름을 스스로 지어 보게 하고, 나아가 부모에게 도형의 특징을 설명해 보게 한다.

문제해결능력을 기르기 위해서는 문제 푸는 방법에 앞서 원리와 개념을 완벽하게 이해시키는 과정이 있다. 원리와 개념을 알면 더 어려운 문제도 풀어 갈 수 있기 때문인데, 유레카 수학은 이 개념과 원리 또한 스스로 찾아낼 수 있도록 하는 것이다. 부모의 도움을 받기 전에 도형을 천천히 관찰하면서 스스로 특징을 찾아내고 이름을 붙이는 경험을 할 수 있도록 아이들에게 여유 있는 시간을 할애해 주자.

초등학교에서 분수 덧셈 $\frac{2}{8}+\frac{3}{8}$ 을 처음 배운다고 해 보자. 이때 부모나 교사가 "분모가 같으면 분자끼리 더하면 된다."라고 가르치지 말아야 한다. 그러면 아이들은 이 문제를 풀기 위해서 스스로 생각할 것이며, 먼저 아래와 같이 그림을 그려서 분모가 같으면 분자끼리 더하면 되는 것을 깨닫고 "유레카!"라고 외칠 것이다. 이런 그림을 생각해 내지 못할 때에는 분수를 배울 때 그림으로 나타냈던 것을 생각해 보라고 하면 된다. 아이들은 얼마든지 스스로 그림을 그려 가면서 분수의 덧셈의 원리를 깨달을 수 있는데, 무조건 그 방법부터 알려 주게 되면 스스로 발견해서 얻는 유레카의 기쁨과 문제해결능력을 얻지 못하게 된다.

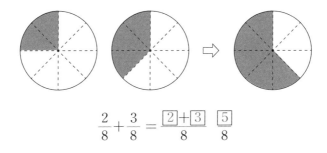

$$\frac{2}{8}+\frac{3}{8} = \frac{\boxed{2}+\boxed{3}}{8} \quad \frac{\boxed{5}}{8}$$

다음에는 분모가 다른 $\frac{1}{3}+\frac{1}{4}$을 풀게 한다. 그러면 아이는 아래 그림과 같이 분모를 같게 하는 방법을 깨닫게 되고 통분의 원리와 개념을 알게 될 것이다.

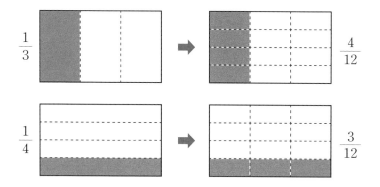

아이가 처음 분수를 배울 때 그림으로 개념을 이해했고, 가분수와 대분수 등도 역시 그림으로 개념을 이해했기 때문에 분수의 덧셈, 뺄셈, 곱셈, 나눗셈의 원리를 깨달을 때도 마찬가지로 그림을 떠올린다. 이처럼 초등학생이 사칙연산을 처음 배울 때나 도형, 분수 등의 개념을 익힐 때, 개념이나 계산 방법을 설명을 들어서 가르치지 말고 스스로 그 원리를 터득할 수 있는 시간을 주자. 수학을 공부할 때 그림이나 실물을 활용한 이미지를 이용하다 보면 머릿속에 수학과 관련된 이미지를 그릴 수 있게 되고, 그 이후에는 스스로 수학을 추상화할 수 있게 된다. 이러한 과정들이 유레카 수학을 공부하는 이유이다. 이때 부모는 인내와 격려로 아이를 지지해 주면 된다.

공식을 암기하고 이를 문제에 대입하여 답을 구하는 수학 공부법은 수학적 사고력이나 상상력 없이도 기계적으로 문제를 풀 수 있기 때문에 수학 공부의 궁극적 목표인 창의적 사고력을 키울 수 없다. 수학 공부에서 중요한 것은 아이들이 지식을 많이 습득하게 하는 것이 아니라 수학적 사고력, 문제해결능력, 수학적 감각을 기르는 데 있다. 단순히 가르치거나 배우는 순간, 그 원리를 스스로 알아갈 수 있는 유일한 기회를 영영 잃어 버린다.

부모는 아이가 스스로 문제를 해결할 수 있도록 기다려 주고, 그래도 힘들어하면 문제해결의 실마리를 발견할 수 있도록 질문을 통해 생각의 방향을 이끌어 주면 된다. 부모가 보기에 아주 쉬운 문제일지라도 절대 가르치지 말고 스스로 깨달을 수 있도록 질문이 먼저다. 그러한 과정을 통해 아이는 어떠한 문제를 만나도 포기하지 않고 계속 도전하고, 어려울 때는 해답이 아닌 질문으로 도움을 받는다.

문제에 집중하는 시간은 처음에는 짧게, 시간이 지날수록 그 간격을 길게 한다. 초등 저학년 때는 한 문제를 풀기 위해서 5~10분 집중할 수 있는 훈련을 하고, 초등 고학년으로 올라가면서 문제에 집중하는 시간을 20~30분씩 늘려 간다. 중학생이 되면 한 문제를 풀기 위해서 1~2시간을 집중할 수 있도록 훈련한다. 중학생 정도 되면 때로는 난이도 높은 한 문제를 해결하기 위하여 하루종일 집중할 수만 있다면 정말 금상첨화이다. 이러한 상황이 익숙하지 않은 부모의 입장에서는 참 쉽지 않은 일임을 잘 안다. 하지만 필자가 단언컨대 이것이 바로 수학적 사고력, 수학적 힘을 기르는 과정이다.

다시 한번 강조하지만 수학 공부의 진정한 목적은 창의적인 사고를 계발하는 것이다. 창의적인 사고를 통해 개념과 원리가 만들어지는 과정을 천천히 음미하면서 직관력과 수학적 창의력, 나아가 인생의 지혜까지도 수학 공부를 통해서 얻을 수 있다.

현재 우리나라의 수학 공부법은 단기적으로 기초 문제 풀이에 탁월한 성과를 보일 수 있으나 상상력이 풍부한 직관력은 상실해 가고 있다. 공부를 열심히 하면 머리가 좋아져야 하는데, 공부 방법이 나쁘니 도리어 학문에 대한 흥미를 잃고 생각하는 힘은 갈수록 떨어진다. 중요한 것은 새로운 개념을 누가 더 빨리, 많이 아느냐가 아니다. 누가 더 창의적인 아이디어가 번뜩이는가, 누가 더 통찰력과 상상력을 발휘해 문제를 해결하는가다.

어릴 때부터 직관적이고 창의적인 사고력을 통해 문제를 해결하는 습관을 들이면 고등학교 과정에서 만나게 되는 어려운 수학 개념도 쉽게 이해할 수 있고, 응용력이 필요한 문제들도 부담 없이 해결할 수 있다. 즉, 어릴 때부터 유레카 수학으로 훈련된 아이는 한 문제만 풀어도 열 문제를 푼 것 같은 창의력을 키울 수 있으며, 나아가 다른 유형의 문제까지도 쉽게 해결할 수 있는 수학의 힘이 생긴다.

수학적 사고력이 깊은 아이는 단순한 연산이 반복되는 초등 저학년 때는 두각을 나타내지 못할 수도 있다. 하지만 고학년으로 올라갈수록 수학을 잘하는 아이로 발전한다. 이때 필요한 것은 많은 문제를 푸는 것이 아니라 한 문제라도 충분히 생각할 수 있도록 조급해하지 않고 기다려 주는 부모와 교사의 배려이다. 이러한 배려는 당장의 학교 내신이나 진학에 필요한 시험으로부터 시간적 부담이 적은 초등 저학년 때가 충분히 해줄 수 있는 호기이다.

부력의 원리를 발견해 왕관에 불순물이 섞여 있는지 알아낸 아르키메데스의 유레카 일화는 잘 알려져 있다.

시라쿠사의 왕 히에론은 금세공사에게 순금을 주고 왕관을 만들어 오게 했다. 그러나 금세공사가 왕관에 은을 섞은 것은 아닌지 의심이 되었다. 히에론 왕은 아르키메데스에게 명하여 그것이 순금인지 아닌지를 밝혀 내라고 했다. 아르키메데스는 금세공사에게 준 금과 같은 무게로 금과 은을 섞어 왕관을 만들었다면, 왕관의 밀도가 순금의 밀도보다 낮아 부피가 더 커진다는 것을 알고 있었다. 그러나 왕관의 부피를 계산할 방법을 찾지 못해 고민하던 아르키메데스는 목욕을 하며 긴장을 풀기 위해 물이 가득 찬 탕 속으로 들어갔다. 목욕탕 속에 들어가자 물이 흘러넘치는 것을 본 아르키메데스는 흘러넘친 물의 양이 물 속으로 들어간 자기 몸의 부피와 같다는 사실을 발견했다. 이것이 바로 부력의 원리다. 그 순간, 아르키메데스는 자기가 벌거벗은 것도 잊고 "유레카!"라고 외치며 거리로 뛰쳐나갔다. '유레카'는 '알았다', '바로 그거야'라는 뜻이다.

수학은 개념 이해가
먼저다

"수학을 잘하는 방법은 무엇입니까?"라고 유명한 수학자들에게 물어보면 공통적인 답변 중 하나가 바로 수학의 개념과 원리를 정확히 이해해야 한다는 것이다. 수학은 다른 과목에 비해 개념이 어렵고 단계적으로 구성된 학문이다. 예를 들어, 미분을 공부했다면 미분에서 나오는 미분계수가 접선의 기울기라는 것을 공부하게 될 것이고, 접선의 기울기는 중3 과정에 나오는 탄젠트와 연결되어야 하며, 탄젠트는 중2 과정의 닮음과 그리고 다시 초등 5학년 과정의 비율과 연결되고, 분수와도 연결되는 것이다.

이렇듯 수학은 어느 한 개념의 학습이 부족하면 그 개념과 연결된 새로운 개념을 학습하거나 이를 응용한 문제를 해결하기 어렵다. 국어나 영어 같은 어학 과목은 백퍼센트 이해를 하지 못해도 그 의미와 맥락만 잘 파악하면 문제를 해결할 수 있다. 그런데 수학은 개념 하나, 조건 하나를 오해하거나 놓치면 문제를 풀 수 없거나 오답을 찾게 된다. 그만큼 수학 공부의 기본은 철저한 개념 이해에 있다.

개념에 대한 이해가 탄탄하면 문제를 접했을 때 해결 방법을 즉시 떠올릴 수 있는 논리적 사고력이 발달한다. 또 창의적으로 문제를 해결할 수 있는 능력까지 강화된다. 한마디로 개념 학습이 제대로 이루어져야 제대로 된 학습을 할 수 있게 되는 것이다.

그런데 많은 아이들이 초등학생 때부터 단기간에 많은 양의 개념과 원리를 외우는 방식으로 수학을 공부하고 있다. 학습의 기초가 되는 개념과 원리를 명확하게 이해하지 못한 채 정답 찾기에 초점을 맞춰 공부한 아이들은 고학년이 되면 어려움을 느낀다. 지나친 선행학습으로 개념도 제대로 익히지 않은 상태에서 문제 풀이 방법만 외워서 문제를 푸는 수박 겉핥기식 공부는 오히려 수학 공부를 방해할 뿐이다. 초등학생 때는 수학을 잘하던 아이가 학년이 올라갈수록 수학을 어려워하고 기피하는 현상은 이를 단적으로 보여 준다.

예를 들면 40과 16의 최대공약수를 구해 보자. 대부분의 아이들은 다음과 같은 방법으로 능숙하게 문제를 풀고 곧 답이 나온다.

$$
\begin{array}{r|cc}
2 & 40 & 16 \\
2 & 20 & 8 \\
2 & 10 & 4 \\
\hline
 & 5 & 2
\end{array}
$$
➡ 40과 16의 최대공약수 : $2 \times 2 \times 2 = 8$

그런데 이런 방법으로 문제를 푼 아이들에게 최대공약수의 뜻을 물어 보면 대답을 잘 못한다.

그러면 이번에는 개념으로 문제를 풀어 보자.

두 수의 최대공약수의 정의는 '두 수의 공약수 중 가장 큰 수'이다. 공약수는 '두 수의 약수 중 공통인 수'를 의미한다. 즉, 40과 16의 최대공약수를 구하는 데 있어서 정의대로 하자면 두 수의 공약수를 구하기 위해 각각의 약수를 먼저 찾는다.

40의 약수 : 1, 2, 4, 5, 8. 10, 20, 40

16의 약수 : 1, 2, 4, 8, 16

이제 두 수의 약수 중 공통인 약수, 즉 공약수를 찾으니 1, 2, 4, 8이고, 이 중에서 가장 큰 수인 8이 최대공약수가 되는 것이다. 이렇게 개념을 중심으로 문제를 풀면 최대공약수의 뜻이 무엇인지 금방 이해할 수 있고, 공약수와 최대공약수에 대한 다른 응용 문제가 나오더라도 쉽게 접근해 갈 수 있다. 이 방법이 개념을 통한 풀이 방법이다.

개념 학습은 문제를 푸는 데 시간이 좀 걸리더라도, 왜 그런 풀이 과정이 만들어지는지 이해할 수 있다. 그런데 첫 번째 방법인 공식을 암기한 후 이를 문제에 대입해 푸는 학습법으로 공부한 학생은 문제를 빠르게 풀 수는 있지만 왜 이렇게 풀어야 하는지 모른다. 그래서 다른 응용 문제를 만나면 문제조차도 이해를 못할 수가 있다.

초등 과정의 수학은 개념이 어렵지 않아서 공식을 암기하고 문제 풀이에 집중하면 어렵지 않게 문제를 해결할 수 있기에 자신의 학습법이 잘못된 것인지 깨닫기가 쉽지 않다. 이러한 상황에서 수학 개념을 대충 넘어가고 연산과 문제 풀이에만 집중한다면 그 뿌리가 약해져서 상위 학년으로 올라갈수록 한계에 부딪치고, 결국은 수포자로 전락하게 된다. 초등학생 때 수학 개념을 충분히 이해하지 못한 상태로 중학교에 올라왔다면 새로운 개념이 나올 때마다 다시 초등 과정에 나오는 개념을 학습하면서 연결해야 한다. 고등학생이라도 수시로 초등·중학교 수학을 보아야 한다.

그런데 많은 아이들이 문제를 이해하고 스스로 풀어 보려는 노력을 기울이기보다는 풀이 과정을 암기해 버린다. 풀이 과정을 암기하다 보면 이해가 되는 듯싶지만 또 다른 유형의 문제를 만나면 좌절하고 만다. 새로운 문제를 만날 때마다 좌절의 경험을 얻게 되는 학습 과정을 되풀이하다 보니 수학이 점점 싫어지지만, 그래도 대학에 가려면 해야 하니 계속 유형을 암기해 나가는 악순환이 반복된다.

문제 풀이를 통해 개념을 익히고 암기하면 단기기억에만 머무르다가 사라질 가능성이 높다. 그러면 학년이 올라가면서 새로운 개념을 만나도 연결성이 떨어져서 문제를 풀 때 힘을 발휘하지 못한다. 못 푸는 문제가 나오면 바로 해답을 찾아보고 순간적으로 이해는 하지만 뇌에서 학습 과정에 대한 회로가 형성되지 않았기에 다음에 같은 유형의 문제를 만나도 방법을 찾아낼 수 없다. 계속 이런 식으로 공부를 해나가면 책상에 앉아 열심히 공부하는데도 모의고사나 수능에서 좋은 성적을 얻지 못할 확률이 높다.

수학을 좋아하는 아이들을 보면 개념 학습을 잘한다. 그런데 개념 학습 위주로 공부하다 보면 당장 눈에 띄는 성과를 얻지 못할 수도 있다. 때로는 중간고사 점수가 70점인데도 수학 공부가 정말 좋다고 말하는 친구가 있다. 반면 공식을 열심히 암기해서 문제를 많이 푼 학생은 점수는 늘 100점이지만 수학을 싫어한다. 어떤 선생님이 학교에서 수학 내신 성적이 100점인 학생들을 모아 놓고 수학을 좋아하느냐고 물었더니 하나같이 수학이 싫다고 말했다고 한다. 수학의 진짜 맛을 모르기 때문이다.

개념의 원리부터 스스로 깨달을 수 있도록 해야 한다. 이런 의미에서 유레카 수학은 낚시하는 방법을 알려주는 것을 넘어서 낚시하는 방법을 스스로 찾게 하는 학습법이다.

제2장

수학의 고수를
만드는
유레카 수학

마음껏 생각하고 상상하는 것이
유레카 수학이다

우리나라의 수학 교육은 단순 주입식 학습에 길들여져 깊은 사고력과 상상력이 필요 없는 암기 위주의 학습이 주를 이룬다. 그러다 보니 아이들은 학교와 학원에서 문제 푸는 기술을 익히는 데 대부분의 시간을 할애한다. 아무 생각 없이 기계적으로 문제 푸는 연습만 한다면 수학을 통해 아무것도 얻지 못한다.

이 정도면 그래도 다행이다. 진짜 심각한 것은 이런 식으로 수학을 공부하면 창의적인 사고력을 얻기는커녕 오히려 공부할수록 머리가 나빠진다는 것이다. 한창 수학적인 두뇌활동이 활발하게 이루어져야 할 시기에 주입식 문제 풀이만 되풀이하다 보면 정보의 이해·분석·분류·추론·종합·판단을 담당하는 전두엽이 활성화되지 않는다. 수학 공부의 궁극적인 목표는 자유로운 생각과 상상력, 직관력을 통하여 창의력을 계발하는 것이다. 그런데 현재 우리나라에서 진행되는 수학 교육을 보면 이런 목표와는 거리가 멀다.

수학적 사고력을 키우기 위해서는 수학 개념이나 문제를 푸는 데 필요한 공식이나 과정을 스스로 탐구하고, 상상력을 발휘하여 수학적 감각을 만들어 나가는 것이 필요하다. 필자는 이것을 '수학적 직관력直觀力'이라고 말하고 싶다.

그런데 수학은 논리적 학문이라고 생각하여 순간적으로 번쩍하고 떠오르는 인식인 '직관'으로 이해하는 것은 어울리지 않는다고 생각하는 이들이 많다. 필자가 말하는 직관력은 무의식 상태에서 능동적인 사고활동이 일어나 문제에 대한 올바른 해결책과의 연합을 가능케 하는 힘이다. 직관력은 문제에 대한 유용한 해법을 찾기 위한 과정에서 관련이 없는 것들은 제거하고, 연관성을 가진 개념들을 탐색하여 연결해 준다. 이러한 과정 중에 일어나는 새로운 결합을 통해 문제를 해결하는 능력이 발현되는 것이다. 우리 두뇌에 저장되어 있는 개념과 개념 간의 연합, 즉 스키마의 연결로 문제를 해결하는 힘이 직관력이라 할 수 있다.

어떠한 문제나 사물을 이해하고, 판단하고, 결정하고, 때로는 창조하는 이 일련의 과정이 매우 감각적이며 우발적으로 이루어지기에 한순간의 '직감'과 유사하게 여겨지기도 하지만, 직관력은 문제를 철저하게 살피고, 깊이 있게 생각한 사람만이 체득할 수 있는 것이다.

따라서 직관력을 통한 문제해결은 전혀 새로운 문제 상황을 만났을 때도 다양한 해결책을 탐구하고 모색하여 문제의 본질을 정확하게 이해한 후 답을 찾아낼 수 있다.

모든 과학적 발견이나 수학적 원리들이 이런 과정을 통해서 나온 것이다. 만류인력을 발견한 뉴턴이 그랬고, 상대성이론을 발견한 아인슈타인이 그랬고, 유레카를 외친 아르키메데스가 또한 그랬다. 직관력으로 발견한 원리나 개념의 결과를 논리적으로 전개했기에 수학과 과학은 논리적인 학문이라고 말하지만, 수학은 그 어느 학문 못지않게 직관으로 이해해야 하는 학문이다.

그런데 정작 수학을 공부할 때는 수학자들이 직관적으로 발견해내는 과정을 따르지 않고, 오직 논리적으로 정리해 놓은 것을 그대로 공부하니 단순 지식만 습득하고 수학 공부의 목적인 창의적인 사고력은 계발되지 않는 것이다. 처음부터 논리적으로 접근하다 보면 수학은 점점 더 지루하고 재미없는 과목이 되어 버린다.

이제는 수학자들이 경험한 그 과정을 따라야 한다. 문제에 집중하여 생각하기 시작하면 우리의 두뇌는 저장된 지식과 개념을 바탕으로 문제와 관련된 자신만의 생각을 하나씩 만들어 가기 시작한다. 그 생각이 꼬리에 꼬리를 물어 이어지다 어느 순간 문제에 대한 해답의 실마리가 떠오른다. 논리를 구축하지 않더라도 문제의 본질에 정확히 다가가는 순간 우리는 "유레카!"를 외친다. 이것이 바로 유레카 수학의 원리이다. 그리고 직관력을 통해 알아낸 사실을 논리적으로 정리하는 과정이 메타인지 학습법이다.

아이들이 처음 수학을 만나는 초등 수학에서부터 흥미를 가지고 학습하고 문제에 몰입할 수 있는 힘을 키울 수 있도록 반복해서 훈련하는 것이 필요하다. 수학을 직관적으로 바라보는 눈이 생기면 어떠한 상황에서도 창의적으로 문제를 해결할 수 있는 능력까지 강화된다. 한마디로 수준 높은 학습을 할 수 있게 되는 것이다. 바로 이 책에서 이야기할 유레카 수학의 힘이다.

어린 아이일수록 실생활이나 문제 상황에서 공통된 속성과 일관된 규칙을 스스로 발견하는 능력을 키울 수 있도록 훈련해야 한다. 그러기 위해서는 일상생활에서의 다양한 활동, 체험, 놀이 등을 통해 수학에 대한 흥미와 호기심을 끊임없이 자극하는 것이 우선이다. 에디슨, 아인슈타인, 처칠 등이 대표적인 사례로, 그들은 어린 시절 주의가 산만한 아이들이라고 여겨졌지만, 이를 자신만의 학습으로 연결시켜 세상을 바꾼 위대한 인물이 될 수 있었다. 비결은 생각할 여유, 생각할 기회, 생각할 시간을 가졌기 때문이다.

창의성은 어떤 문제를 해결하는 사고 과정에서 구체적으로 작동한다. 연구를 통해 밝혀진 바에 따르면 사람은 '알 것 같은 느낌'이 큰 문제일수록 창의적인 생각을 더 많이 한다는 것이다. 따라서 아이가 문제를 접했을 때 당장 문제해결 방법을 알려주기보다는, 실마리를 떠올릴 수 있는 질문을 던져 생각의 여지를 만들어 주어야 하는 것이다. 아이가 문제를 해결하는 방법을 찾을 수 있도록 이끄는 맞춤형의 '생각거리'를 주어야 한다. 생각이 생각을 불러오는 과정에서 직관적인 사고력이 향상된다.

때로는 문제를 해결하는 과정에서 그동안 단편적으로 저장되었던 지식이나 개념들이 하나로 연결되며 체계화하는 순간을 경험하기도 한다. 자신의 생각으로 이치를 만들어 스스로 깨달은 수학 개념은 이 순간부터 온전히 내 것이고, 다른 지식과 함께 살아 움직여 또 다른 수학 개념을 불러오는 것이 유레카 수학이다.

예를 들면 함수의 개념을 생각해 보자. 교과서에 나온 함수의 개념은 다음과 같다.

- 집합 X의 임의의 원소 x에 대하여 집합 Y의 원소에 한 개씩만 대응할 때 이 대응 f를 X에서 Y로의 함수라 하고, 기호는 $f:X{\rightarrow}Y$이고 집합 X가 함수 f의 정의역이고 집합 Y가 함수 f의 공역이다.

- 함수 f에 의하여 집합 X의 원소 x에 대응하는 집합 Y의 원소 $f(x)$가 f에 의한 x의 함숫값이다.

- f에 의한 함숫값 전체의 집합 $\{f(x)\,|\,x$는 집합 X의 원소$\}$가 함수 f의 치역이다.

그리고 함수와 관련된 많은 개념들이 쏟아져 나온다. 순서쌍, 그래프, 독립변수, 종속변수, 그래프, 일대일함수, 일대일대응, 상수함수, 항등함수, 합성함수, 역함수 등의 개념들은 개념 자체로 이해하기는 쉽지 않다. 그런데 함수와 관련된 문제를 그림이나 그래프를 그리면서 해결하는 과정에서 직관적으로 개념을 이해할 수 있게 된다. 이때 발휘되는 것이 직관력이다.

사실 개념을 암기하고 있어도 직관력으로 이해하고 다른 개념과 연결시키지 못하면 문제를 푸는 데 활용할 수 없다. 개념과 문제 풀이 과정을 암기하고 많은 문제를 푼다고 해도 어려운 응용 문제를 해결하는 데 한계가 있다. 하지만 직관력과 수학적 상상력이 힘을 발휘하면 이야기가 달라진다. 이러한 과정을 익혀 나가는 것이 유레카 수학이다.

유레카 수학은
직관력이 핵심이다

새로운 유형의 문제를 만나면 어디서부터 손을 대야 할지 몰라 당황하는 아이들이 있다. 반면 처음 보는 문제도 두려워하지 않고 스스로 해결해 나가는 아이들이 있다. 흔히 수학적 사고력이 뛰어난 아이들이 어떠한 상황에서도 문제를 잘 푼다고 말하는데, 여기서 말하는 수학적 사고력은 당면한 문제의 해결에 필요한 적절한 수학 개념을 끌어와 적용하고 연결시키는 능력이다.

수학적 사고력은 공식을 열심히 외우고 문제를 많이 푼다고 생기는 것은 아니다. 수학을 잘하기 위해서 유형별로 모든 문제를 풀어봐야 한다면 어느 학생이 수학을 진심으로 좋아할 수 있겠는가. 초등에서 고1 과정까지 등장하는 수학 개념은 총 107개이다. 이것을 모두 암기해서 그에 해당하는 모든 문제 유형을 완전히 이해할 때까지 풀어야 한다면 아이들에게는 정말 비극이다. 모든 유형을 다 안다고 해도 응용 문제를 만나면 못 풀 확률이 높다. 수학은 다른 과목에 비해 개념이 어렵고, 여러 개념이 복잡하게 얽혀 있어 조금만 실수해도 엉뚱한 답이 나오거나 답이 전혀 나오지 않는 경우가 비일비재하기 때문이다. 이때 필요한 것이 바로 직관력이다. 수학적 직관력이 뛰어난 아이는 문제를 만나면 추론·조합·응용·융합·종합·판단 등의 과정을 통해서 해결할 수 있다.

직관력은 곧 창의성으로 연결된다. 어떤 문제를 해결하기 위해서 생각을 거듭하다 보면 그 문제를 해결할 수 있는 아이디어가 문득 떠오르기도 하는데, 이것이 바로 직관력이 창의성으로 연결되는 순간이다. 스티브 잡스Steve Jobs의 매킨토시Macintosh 개발, 이병철 삼성 회장의 반도체 투자, 모리타 아키오盛田昭夫 소니 회장의 워크맨 개발 등 세상을 바꾼 창조적이고 획기적인 결정은 과학적이고 합리적인 과정이 아니라, 논리적으로는 설명할 수 없는 힘인 직관력에 따른 것이었다.

불확실하고 방대한 정보 속에서 논리적 사고만으로 당면한 문제를 해결하는 데는 한계가 있다. 이때 가장 강력하고 설득력 있는 의사결정 도구가 바로 직관력이다. 직관력은 판단이나 추리 등의 사유 작용을 거치지 않고 대상을 직접적으로 파악하는 힘이다. 오늘날과 같은 변화가 빠른 시대에는 이성과 논리적인 사고의 한계에서 벗어나 종합적이고 장기적인 안목을 갖도록 이끌어 주는 직관력이 더욱 강조된다.

독일의 인지심리학자 쾰러Wolfgang Köhler는 문제해결 과정을 설명하기 위해 침팬지를 대상으로 실험을 하였다.

그는 배고픈 침팬지를 우리 안에 가두고 천장에 바나나를 매달아 놓았다. 우리 안에는 상자와 막대기를 넣어 두었다. 침팬지는 처음에는 바나나를 따먹기 위해 있는 힘껏 껑충껑충 뛰다가 뜻대로 되지 않자 씩씩거리며 우리 안을 왔다 갔다 했다. 이윽고 지쳐 구석에 쪼그리고 앉은 침팬지는 천장의 바나나와 주변 환경을 한참 지켜보더니 갑자기 상자를 끌어다 놓고 그 위에 올라가 막대기로 바나나를 쳐 따먹기 시작했다.

이 실험은 우리가 어떤 문제를 해결할 때 필요한 것은 시행착오나 개개의 지식, 과거 경험 등이 아니라 문제들 간의 관계를 파악하는 통찰력(직관력)임을 보여 주고 있다. 그래서 이 실험에 근거한 쾰러의 인지설을 '통찰설' 혹은 '아하A-ha설'이라고 부른다. 이 실험은 우리에게 난해한 문제의 해결책을 찾기 위해서는 문제에서 잠시 벗어나 거리를 두고 통찰하는 과정을 거쳐야 함을 알려준다.

수학 공부법 또한 마찬가지다. 새로운 문제 유형을 어려워하는 아이는 개념으로부터 미루어 짐작할 수 있는 힘인 직관력을 길러 주지 않아서이다. 문제해결능력을 높이기 위해서는 직관력을 기를 수 있는 공부 습관이 중요한데, 학교나 학원에서 먹여 주기식의 가르침을 받아 온 아이들은 직관력을 기르는 것이 쉽지 않다. 수업 중에 교사의 설명을 듣고 알게 된 개념과 문제를 공식에 대입하여 수동적인 자세로 문제를 푸는 수학 학습 형태이기 때문이다. 학원에서는 더 심하다. 개념을 아예 무시하기도 하고, 공식이 만들어지는 과정도 건너뛰고, 무조건 공식에 대입해서 문제 푸는 방법만을 기계적으로 가르친다. 이러니 새로운 유형의 문제가 나오면 아예 손도 못 대고, 스스로 해결하지 못하니 수학에 대한 좌절감만 생기고, 아이들은 결국 수포자가 되어 버린다.

아이들에게는 문제에 집중해서 고민하고 씨름해 볼 수 있는 시간이 필요하다. 이것이 유레카 수학의 시작이다. 유레카 수학은 수학의 개념을 이해하거나 문제를 해결하기 위해서 끊임없이 생각하고 또 생각하는 과정에서 결국은 번뜩이는 직관력으로 문제의 답을 찾아내는 것이다. 이런 과정을 통해 얻어지는 결과는 아이들에게 수학의 통쾌함을 경험하게 한다. 그런데 우리 아이들은 그럴 여유도 시간도 없다. 그렇기에 무엇보다 부모와 교사의 인내와 배려가 필요하다. 초등 저학년부터 조금씩 문제에 집중해 생각하는 훈련을 쌓아 간다면 신경회로가 탄탄하게 만들어져 모든 유형의 문제를 풀어 보지 않아도 어떤 문제든 스스로 해결할 수 있는 능력이 형성된다.

유레카 수학을 통하여 문제를 해결했을 때 기뻐서 외치는 "야호!"는 자신에 대한 격려이기도 하다. 그래서 유레카 수학의 경험이 쌓일수록 도전정신은 더 커진다. 유레카 수학은 수학에 대한 자신감뿐만 아니라 인생을 살아가는 데 중요한 성취감과 자신감도 불러와 궁극적으로는 삶의 성공으로 이어진다. 시간적으로 여유가 있는 초등학생 때부터 조금씩 유레카 수학을 훈련해 나간다면 중·고등학교, 더 나아가 사회에서 어떤 문제에 부딪쳐도 포기하지 않고 몰입하여 결국 문제를 해결해낼 것이다.

하지만 유레카 수학을 성취하기는 쉽지 않다. 유레카 수학은 스스로 생각하고 고민하면서 답을 찾아가는 것인데, 익숙하지 않은 학습 과정이기에 그 과정이 쉽게 풀리지 않을 때는 포기하고 싶은 마음이 들기도 한다. 유레카 수학에서 무엇보다 중요한 것은 포기하지 않고 부단히 노력한다는 것이다. 이때 부모의 아낌없는 칭찬과 지지, 응원이 필요하다. 조급한 마음에 아이를 다그치거나, 문제를 잘 풀지 못한다고 혼내는 것은 절대 안 된다. 아이의 자신감을 떨어뜨릴 수 있고, 수학 자체를 싫어하게 되는 원인이 될 수 있다.

아이가 조금씩 유레카 수학에 적응하고 성과를 드러낸다면, 이때는 부모가 한 단계 수준 높은 문제를 제시해 아이 스스로 자존감과 성취감을 느끼게 하면 좋다. 수학 공부를 할 때 쉬운 문제를 계속 푸는 아이가 있는데, 그 당시에는 문제가 술술 풀리기 때문에 마음도 편하고 좋지만 우리의 뇌는 금방 지루해하고 정체되어 버린다. 오히려 약간 어렵다고 생각되는 문제에 도전해야 집중력이 올라가고 도파민, 세로토닌 등이 분비되면서 직관력이 힘을 발휘한다.

앞서 이야기했듯이 학습에 감정은 매우 중요한 요소이다. 유레카 수학도 다르지 않다. 아이들이 유레카 수학을 통하여 재미와 흥미, 더 나아가서 성취감을 경험하는 것이 매우 중요하며, 교사와 부모는 아이에게 무한한 신뢰와 칭찬, 격려를 아끼지 말아야 한다.

유레카 수학의
뇌과학 원리

유레카 수학은 뇌를 활발히 사용하는 학습법이다. 끊임없이 사고하는 과정을 통해 시냅스를 자극하여 계속 신경회로를 만들어 내고, 강화된 두뇌활동은 습득한 지식을 장기기억으로 저장한다. 몰입과 집중을 통해 사고하는 과정이므로 사고의 과정에서 여러 시냅스들과 연결·융합되면서 직관력이 일어난다.

우리 뇌에서 논리적 사고력은 사고 중추인 전전두엽에서 일어나며, 직관력은 기억 중추인 해마에서 담당한다. 몰입하는 자의식은 감정 중추인 편도체와 동기 중추인 측좌핵이 주로 담당한다. 이것이 최근까지 뇌과학에서 밝힌 공부하는 뇌의 구조와 원리다.

유레카 수학은 뇌과학 기반의 학습 원리를 추구한다. 따라서 뇌가 가장 효율적이고 효과적으로 학습하고 기억할 수 있는 최적의 공부 전략을 제공하는 것을 목적으로 한다. 이를 위해서 뇌의 기본적인 구조와 기능에 대해 먼저 알아둘 필요가 있다.

집중 혹은 몰입이란 뇌의 다른 감각 기관이나 기능을 최대한 억제하고 공부에 필요한 부위만 활성화하는 상태를 말한다. 이때 뇌에는 의욕 호르몬으로 알려진 갑상선 자극 호르몬이 분비되어 도파민 분비를 촉진하고 알파파와 베타파가 출현한다. 알파파는 편안한 마음으로 집중하고 창조적으로 생각하며, 기억력이 향상되는 데 도움을 준다. 베타파는 적정한 긴장 상태를 유지하게 한다. 이렇게 이완과 긴장의 균형을 이루어 최적의 공부 상태를 만들어 준다.

그러나 이런 효과가 지속되는 시간은 길어야 90분 남짓이다. 재미있는 영화도 90분을 넘기면 슬슬 집중이 흐트러진다. 이것이 우리 뇌의 생리적인 한계다. 이 한계를 극복하려고 해 봐야 소용없다. 억지로 책상 앞에 앉아 집중하려고 노력할수록 스트레스만 가중된다. 사람의 뇌는 하기 싫은 마음이 들면 노르아드레나린noradrenalin을 분비한다. 이 호르몬이 분비되면 짜증이 나고 공부하기 싫은 감정만 증폭된다.

1시간 30분은 공부하기에는 참 짧은 시간이다. 따라서 효율적으로 사용해야 한다. 이때 필요한 것이 '마감 효과 공부법'이다. 짧은 시간에 많은 양의 정보를 습득할 수 있는 공부법이다. 시간은 짧은데 봐야 할 것은 많을 때 머리에는 약간의 부하가 걸린다. 하지만 이 상태가 오히려 뇌의 집중력을 높여 준다고 한다. 적정한 긴장감이 집중을 잘할 수 있게 도와주는 것이다.

집중할 때는 도파민과 세로토닌뿐만 아니라 아드레날린도 분비되어 적당한 긴장감으로 능률을 올려 준다. 갑상선 자극 호르몬은 의욕을 북돋워 주고, 남성 호르몬인 테스토스테론testosterone은 무서운 집중력과 목표를 향해 가는 원동력을 제공해 준다. 여기에다 성장 호르몬까지 가세하면 기발하고 획기적인 아이디어가 순간적으로 떠오른다. 며칠, 아니 몇 달을 고민해 오던 문제가 풀리는 것도 순간이다. 직관력이 힘을 발휘하는 순간의 성취감은 수학에 더 집중하게 한다.

문제는 세로토닌이 워낙 예민한 물질이라는 것이다. 지루한 생각이 들거나 짜증이 나는 순간 세로토닌의 기능은 즉시 중지되고 대신 노르아드레날린이 활동하기 시작한다. 세로토닌이 가장 왕성하게 분비되는 시간은 20~30분이다. 기발한 아이디어를 생각해 내거나 창조적이고 이성적인 판단을 내릴 수 있도록 움직여 주는 시간도 30분이다. 이때 집중력은 최고조로 올라가는데 뇌과학이 증명하는 승부의 30분이다.

영국 케임브리지 대학교의 윌리엄 슐츠Willam Schultz 교수는 "뇌는 실제로 기분이 좋을 때뿐만 아니라 불확실한 상황에서도 쾌감 호르몬을 분비한다."고 밝혔다. 슐츠 교수의 실험에서 원숭이는 주스라는 보상을 줄 때마다 기저핵에서 도파민을 분비했는데, 흥미로운 것은 매번 주스를 주는 것이 아니라 두 번 중 한 번만 줄 때도 역시 도파민을 분비하더라는 것이다. 이는 원숭이의 뇌가 주스라는 보상을 받을 수 있을지 없을지 모르는 불확실한 상황에서도 쾌감 신경을 자극한다는 사실을 보여준다. 즉 불확실도 적정한 범위라면 그 자체가 즐거움이라는 것이 뇌과학의 결론이다. 이 원리를 공부에 응용해 보자는 거다.

너무 쉬운 문제는 재미가 없다. 그렇다고 너무 어려우면 아예 포기하게 된다. 적당히 어려운 문제, 잘 생각하면 풀릴 수도 있을 것 같은 문제를 찾아서 풀어 보게 하는 것이다. 문제가 풀렸을 때 아이가 얻을 성취감과 기쁨은 그 과정이 힘들수록 커진다. 확실과 불확실의 아슬아슬한 균형이 공부를 재미있게 하는 것이다.

등산할 때도 마찬가지다. 정상이 가까워질수록 가슴이 벅차오른다. 정상에 올랐을 때의 그 감동과 희열을 알고 있기에 숨이 턱까지 차올라도 포기하지 않고 올라간다. 힘겨운 순간에도 머릿속에는 정상에서의 광경이 떠오른다. 생각만으로도 걸음에 힘이 실린다. 이 또한 뇌의 불가해성이다. 생각만으로도 마치 현실인 것처럼 착각하는 뇌. 우리의 뇌는 성공 장면을 상상해 보는 것을 좋아한다. 이때 뇌의 모든 기능도 그 목표를 향해 움직인다. 상상만으로도 즐겁기 때문이다.

음악가들 역시 악보를 연주하는 상상만 해도 마치 실제로 악기를 연주하는 것처럼 동일한 운동신경 경로가 활성화된다. 근육을 하나도 움직이지 않아도 말이다. 어떤 생각을 하느냐에 따라 실제로 우리 뇌가 새롭게 변한다. 즉, 생각과 상상만으로도 뉴런과 시냅스가 활성화되고 신경회로를 새로 만들거나 재형성할 수 있다는 것이다.

가족이나 사랑하는 사람과 여행했던 순간들을 떠올리면 기분이 좋아진다. 시험에 합격했을 때, 이루고자 하는 것을 이루었을 때, 성공했을 때를 상상하면 기분이 좋아진다. 왜 이런 일이 일어날까? 정신면역학에 따르면 생각이나 상상은 뇌에서 특정한 화학 반응을 일으킨다고 한다. 뇌는 화학물질을 분비하고 이를 몸에 전달하는데, 이를 통해 우리가 실제 경험한 것과 똑같이 몸이 느끼도록 만들어 준다.

행복한 생각을 하면 뇌가 기쁨과 흥분을 유발하는 도파민을 분비하게 하는데, 이는 우리 몸을 좀 더 활력 있는 상태로 만들어 준다. 반면에 화가 나거나 우울한 생각을 하게 되면 펩티드peptide가 분비되고, 이는 세포를 과다하게 공격하여 노화를 촉진하는 등 좋지 않는 영향을 미친다. 결론적으로 인간의 생각과 상상력은 가상의 상황이 현실인 것처럼 신체가 반응하게 만들 수 있다.

인간이 태어날 때 뇌의 능력은 동일하다고 한다. 살면서 자신의 뇌에게 얼마나 자주 긍정적인 말과 좋은 정보를 지속적으로 주느냐에 따라 능력의 차이가 벌어진다. 그래서 인간의 뇌를 개발할 때는 "나의 뇌는 완전하다. 나는 나의 뇌를 발전시킬 수 있다."라는 믿음을 가지고 뇌에 좋은 지식과 긍정적인 희망을 지속적으로 심어 주는 것이다. 자신에 대해 믿음을 갖지 못하거나 부정적인 생각을 갖고 있다면 뇌 역시도 그 생각을 그대로 받아들인다. 그래서 우리는 평소에 생각이나 말, 행동 하나하나 주의를 기울여야 한다. 좋은 뇌로 성장시키는 것은 우리의 마음가짐과 노력에 달려 있기 때문이다.

좋은 생각과 상상은 좋은 에너지를 만들어 긍정적인 신체적 변화도 불러온다. 상상만 했을 뿐인데 우리의 뇌는 현실로 받아들여 그대로 호르몬이나 신경전달물질을 분비시켜 그것이 우리 인체에 긍정적인 영향을 준다. 따라서 지속적으로 좋은 생각을 심어 주고 긍정적인 사고의 물을 주면 뇌는 그에 화답하여 좋은 방향으로 변화하고, 그렇게 변화된 뇌는 다시 우리를 더 나은 삶으로 이끌어 줄 수 있다. 따라서 작은 것이라도 성공의 경험을 쌓는 일이 중요하다. 그래야 뇌가 그 감동을 기억하고 다음 목표를 향해 밀고 나가는 힘이 되어 준다.

애플 창업자인 스티브 잡스는 저서에서 "내가 혁신을 계속할 수 있었던 유일한 이유는 나 스스로 할 수 있다는 생각을 가지고 내가 하는 일을 사랑했기 때문이라 확신합니다."라고 말했다. 스스로 할 수 있다는 생각, 그리고 하는 일에 대한 긍정적인 마인드가 뇌를 발전시켜 성공의 열매를 낳은 것이다.

같은 원리로 수학을 공부할 때에도 수학의 한 분야씩 정복하는 상상을 해 보기도 하고, 수학의 고수가 되는 상상을 해 보자. 그런 상상들은 곧 현실이 될 것이다. 현재는 조금 어려움이 있어도 긍정적 사고를 계속한다면 그 힘든 상황을 뛰어넘을 수 있는 에너지가 충만해질 것이다.

유레카 수학은
몰입으로 완성된다

유레카 수학의 핵심은 직관력이다. 직관력을 키우기 위해서는 무엇보다도 집중과 몰입이 필요하다. 끊임없는 생각으로 문제해결의 단서를 찾아가는 것이 유레카 수학이기 때문이다. 문제에 집중할수록 시냅스와 뉴런에 자극을 주어 신경회로가 재형성되고, 그동안 쌓아왔던 지식의 융합이 일어나 번뜩이는 해법이 떠오른다. 따라서 유레카 수학의 성공과 실패는 얼마나 집중하느냐에 달려 있다.

수학 학습에서 집중력을 향상시키기 위해서는 무엇보다 수학이 재미있어야 한다. 홍수같이 밀려오는 다양한 디지털 콘텐츠 가운데 수학이 게임처럼 재미를 줄 수 있는 것은 아니지만 지적인 노력 끝에 오는 쾌감과 성취감은 있다. 스스로 문제를 탐구하고 해결하는 유레카 수학이야말로 배움의 즐거움을 경험케 한다.

우리의 뇌에는 '의욕의 뇌'라고 불리는 부분이 있는데, 이 부분을 자극해 주면 의욕이 솟는다고 한다. 의욕을 북돋워 주는 부분은 측좌핵이다. 그런데 측좌핵은 자극이 없으면 충분한 활동을 하지 않는다. 그렇기에 아무것도 안 하면 의욕이 생기지 않는 것이다. 일단 무엇이든 시작해서 측좌핵을 자극해야 한다. 독일 정신의학자 에밀 크레펠린Emil Kraepelin은 이를 '작업흥분'이라 불렀다. 처음에는 의욕이 없다가도 시작하고 얼마의 시간이 흐르면 점점 의욕이 생겨 집중력이 향상되는 현상을 말한다.

수학 공부를 해야겠다는 생각이 들면 일단 수학 공부를 시작함으로써 뇌의 측좌핵을 깨울 수 있다. 하기 싫다는 생각을 조금만 참고 일단 시작하면 신기하게도 수학 공부는 절로 진행된다. 공부가 진행될수록 측좌핵은 스스로 흥분한다. 자기도 모르게 공부에 빠져들면서 수학은 더 이상 공부하기 싫은 과목이 아니라 재미있는 과목이 된다.

시간 가는 줄도 모를 만큼 집중했던 일을 마쳤을 때 참으로 묘한 쾌감을 맛본다. 심리학에서는 이런 순간의 기분을 '플로Flow'라 부른다. 플로는 원래 '흐름'이라는 뜻이지만, 심리학에서는 '시간의 흐름도 잊을 만큼 몰입한다'는 의미로 쓰인다.

'몰입'은 1990년대 초 미하이 칙센트미하이Mihaly Csikszentmihalyi 교수가 처음 소개한 개념이다. 그는 '무언가에 흠뻑 빠져 있는 심리적 상태'를 몰입이라고 했다. 또한 몰입은 주위의 모든 잡념, 방해물을 차단하고 자신이 원하는 어느 한 곳에 모든 정신을 집중하는 것이다. 그래서 몰입했을 때의 느낌을 '물 흐르는 것처럼 편안한 느낌' '하늘을 날아가는 자유로운 느낌'이라고 했다. 일단 몰입하면 몇 시간이 한순간처럼 짧게 느껴지는 시간 개념의 왜곡 현상이 일어나고, 자신이 몰입하는 대상이 더 자세하고 뚜렷하게 보인다. 그리고 몰입 대상과 하나가 된 듯한 일체감이 들고 자아에 대한 의식이 사라진다.

이러한 몰입 상태에서는 평소와는 다른 독특한 몇 가지 심리적 작용이 나타난다. 먼저 현재 과업에 대한 강렬한 집중이 일어난다. 이러한 집중은 애써 노력하여 일어나는 것이 아니라 과제에 대한 흥미와 즐거움으로 인해 자발적으로 일어난다. 또한 집중함으로 인해 현재 하고 있는 활동의 진행이나 성과에 대한 걱정이 사라지고, 완전히 장악하고 있는 듯한 강력한 통제감을 느끼게 된다. 몰입의 경험은 그 자체가 즐거운 것으로 내재적 동기에 의해 일어난다. 몰입의 경험이 강렬하면 할수록 더욱 뚜렷하게 나타난다.

더 중요하게 몰입은 우리의 기억에 지대한 영향을 미친다. 즉 몰입 상태에서는 고도의 집중력이 발휘되어 학습 내용이 빠르게 습득되고 장기기억으로 저장되지만, 그렇지 않은 경우는 기억조차 못할 수도 있다는 것이다. 몰입 상태일 때 학습하는 지식은 긍정적 감정이 함께 실려 해마에 들어오기 때문에 기억을 연결하는 폭과 강도가 훨씬 더 활성화되어 빠르게 습득하고 오래 유지되는 것이다. 해마와 붙어 있는 편도체는 해마에서 처리되는 정보에 감정을 실어 주고, 그 옆쪽의 측좌핵은 동기를 조절함으로써 뇌 신경세포의 시냅스가 더 밀접하고 강력하게 활성화하여 장기기억으로 저장된다.

학습에 큰 영향을 미치는 몰입은 어려운 것이 아니다. 몰입은 하면 할수록 쉬워지고, 학습되고 계발되는 하나의 기술이다. 몰입할수록 목표를 달성하기 위해 생각을 조정하는 것이 훨씬 쉬워질 뿐만 아니라 강화된 통찰력을 발견할 수 있다.

『몰입』의 저자 황농문 박사는 생각을 계속 이어 나가는 몰입 상태에 들어가면 시냅스가 매우 활성화된다고 한다. 활성화된 시냅스가 늘어난다는 것은 그 문제를 풀기 위해 움직이는 시냅스의 수가 늘어났다는 뜻이고, 몰입도가 올라감으로써 주어진 문제를 해결하는 능력이 선택적으로 올라갔음을 의미한다. 다른 말로 표현하면 두뇌가 폭발하여 열리는 것과 같다. 뇌과학에서는 이런 상태를 '존Zone에 든다'고 표현한다. 그야말로 '완전한 몰입'이다. 어느 순간 어떤 계기에 의해 뇌가 존에 들게 되면 자기도 모르는 힘을 발휘한다. 무시무시한 두뇌의 힘! 그런데 이런 힘은 누구에게나 있다. 다만 어떻게 해야 그 힘을 발휘할 수 있는지를 잘 모를 뿐이다.

이러한 몰입 상태에 들기 위해서는 몇 가지 조건이 있다.

첫째, 이루어야 할 큰 목표도 있어야 하지만 그 목표를 이루기 위해서 지금 내가 해야 할 일을 알고 한 걸음씩 실천해야 한다. 작은 보폭이라도 지금 나는 목표를 향해 가고 있다는 의식과 함께, 얼마만큼 전진했다는 자기 평가가 수반되어야 한다. 다만 누가 시켜서 하는 일이면 반발심이 발동하여 몰입의 경지에 빠져들기 쉽지 않다. 스스로 목표를 정하고 본인의 의지로 해야 한다.

둘째, 주어진 상황에서 과제의 난도를 약간 높이고, 그것을 해결할 능력이 있을 때 몰입을 경험하게 된다. 풀어야 할 수학 문제의 난이도가 아이의 수준보다 낮으면 심리 상태가 무관심에서 권태와 느긋함으로 변화한다. 몰입을 경험하지 못하는 것이다. 또한 너무 높은 난이도는 심리 상태가 걱정과 불안으로 변화한다. 적당한 난이도 혹은 한 단계 높은 난이도는 처음에는 심리 상태가 불안하지만 조금 후에 각성이 되어 몰입을 경험할 수 있다.

셋째, 상당 시간 동안 몰입한 상태로 있어야 한다. 잠깐의 집중으로는 몰입의 경지에 이르지 못한다. 초등학생들은 5~10분부터 훈련을 시작하고, 고등학생 정도는 최소한 1~2시간은 집중하고 몰입해야 한다. 그러다 보면 완전한 몰입의 상태까지 갈 수 있다고 심리학자들은 말한다. 이런 상태가 되면 탐구하는 문제와 내가 완전히 하나가

되어 나의 존재감마저 잊게 된다고 한다. 때로는 주체할 수 없을 정도로 아이디어가 계속 떠올라 문제도 쉽게 풀린다고 한다.

몰입의 경지로 들어서면 주위의 방해도 의식하지 못한다. 이때 도파민과 세로토닌의 분비로 말할 수 없는 기쁜 감정에 휩싸이기도 한다. 목표에 한 걸음씩 다가가고 있다는 성취감과 함께 다가올 시간에 대한 기대감도 생긴다. 이것이 몰입이 주는 축복이요, 즐거운 공부의 비결이다. 일단 몰입도가 올라가면 공부하는 것이 그다지 힘들지 않고, 오히려 긍정적 감정을 느껴 학습 효율도 올라간다. 스트레스를 많이 받는 수험생일수록 몰입도를 높일 수 있는 공부법을 찾는다면 즐겁게 공부할 수 있을 것이다.

개념 학습도
유레카 수학으로 하라

개념은 수학의 본질적 구조와 그것을 둘러싼 연결 관계를 통칭한다. 즉, 정의·정리·공식·성질·원리·법칙 등을 말한다. '정의'는 수학적인 약속으로, 대부분 초등 수학에 많이 분포되어 있다. '정리'는 정의나 이전의 다른 사실로부터 만들어지는 새로운 사실들로 식·성질·원리·법칙 등을 말한다. 여기서 개념을 공부한다는 것은 가장 핵심적 개념인 정의와 그로부터 파생되는 정리를 유도 또는 공식을 증명하는 공부를 하는 것, 그리고 이것들을 연결하는 것을 말한다.

예컨대, 삼각형에 대해서
정의 삼각형은 세 변으로 둘러싸인 도형으로 각이 3개이고 변이 3개인 도형이다.

삼각형에서 파생된 정의 직각삼각형은 삼각형이면서 한 각이 직각
이다.

성질, 공식 직각삼각형에서 직각을 낀 두 변의 길이를 각각 a, b
라 하고, 빗변의 길이를 c라고 하면 $a^2+b^2=c^2$이다.

정리 삼각형의 내각의 합은 180도이다.

이등변삼각형에 대해서

정의 이등변삼각형은 두 변의 길이가 같은 삼각형이다.

성질 이등변삼각형의 두 밑각의 크기는 서로 같다. 이등변삼각
형의 꼭지각의 이등분선은 밑변을 수직 이등분한다. 두 내각의
크기가 같은 삼각형은 이등변삼각형이다.

여기서 개념 연결이라는 것은 초등학생 때 배워 온 개념들이 그냥
단선적인 지식으로 존재하는 것이 아니라 서로 연결되면서 새로운
개념이 계속 탄생되는 것이다. 마치 뉴런의 시냅스가 서로 연결되어
있는 것처럼 개념끼리 체계적으로 연결되는 것이다. 새로운 정의가
나오면 그 정의에서 파생된 정리·원리·성질 등의 개념들이 나오고,
또 다른 개념과 융합되어 또 새로운 개념이 형성되면서 수학은 발전
되어 왔다. 이것을 '수학 개념의 연결성'이라고 한다.

수학은 개념이 단계적으로 구성된 학문이다. 초등 수학에 연결되

지 않는 중·고등학교 수학 개념은 거의 없다. 그래서 어느 한 개념의 학습이 부족하면 그 개념과 연결된 새로운 개념을 익히거나 이를 응용한 문제를 해결하기 어렵다. 현재 많은 아이들이 초등학생 때부터 단기간에 많은 양의 개념과 원리를 외우는 방식으로 수학을 공부하고 있는데, 학습의 기초가 되는 개념과 원리를 완벽하게 내 것으로 소화하지 못한 채 문제 풀이와 정답 찾기에 초점을 맞춰 공부한 아이들은 상급 학년으로 올라갈수록 어려움을 느끼게 된다.

미분에서 나오는 미분계수가 접선의 기울기라는 것, 접선의 기울기는 중3의 탄젠트로, 탄젠트는 중2의 닮음, 그리고 다시 초등 5학년의 비율과 분수와도 연결되는 개념을 연결하는 능력이 제대로 발휘되려면 무엇보다 유레카 수학으로 훈련해야 한다. 개념의 상호관계를 무조건 암기하는 공부법으로는 단선적인 정보로만 저장될 뿐이고, 나아가 응용 문제를 접했을 때는 그 어떤 힘도 발휘하지 못한다. 직관력을 통해 개념 간의 상호관계를 이해할 때에만 창의성을 발휘할 수 있고, 계속 추가되는 새로운 개념에 대한 정보 또한 연결시켜 새로운 신경회로를 형성하고 장기기억으로 저장된다.

유레카 수학은 누구의 가르침을 받거나 무조건 암기하는 학습법이 아닌, 스스로 생각하고 탐구하여 답을 찾아 나가는 학습법이기에 개념끼리의 연결이 필수이고, 학습할수록 단단하고 다양한 신경회로가 형성된다. 수학 개념이 유기적으로 연결되어 있으면 새로운 문제를 접했을 때도 꺼내기가 쉬워서 문제를 풀 때 큰 힘을 발휘한다.

다음은 개념 연결성을 잘 나타내주는 것으로, 중학교 좌표평면에서 나오는 두 점 사이의 거리에 대한 사례이다.

좌표평면에서의 두 점 사이의 거리 공식은 다음과 같다.

두 점 $A(x_1, y_1)$, $B(x_2, y_2)$일 때 $\overline{AB} = \sqrt{(x_2-x_1)^2+(y_2-y_1)^2}$

일반적인 수학 학습법이라면 이 공식을 그냥 암기해서 두 점 사이의 거리를 구하면 답은 쉽게 찾는다. 그런데 어떻게 이 공식이 나왔는지 설명하라고 하면 많은 아이들이 어려워한다. 그냥 암기만 해서 문제를 풀었기 때문이고, 굳이 그 이유를 생각할 여유조차 없었던 것이다. 만약 다음과 같이 공식에 대한 개념을 학습했다면 어떨까?

좌표평면에 있는 두 점 $A(x_1, y_1)$, $B(x_2, y_2)$ 사이의 거리, 즉 선분 $\overline{AB}$의 길이를 구해 보자.

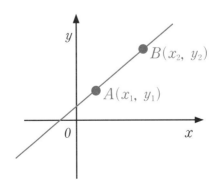

집중하여 좌표평면을 들여다보면 선분 $\overline{AB}$를 빗변으로 하는 직각삼각형이 떠오를 것이다. 아래와 같이 직삼각형에서 피타고라스의 정리를 떠올려 문제를 해결할 수 있다. 아래 그림과 같이 선분 $\overline{AB}$가 x축과 y축에 평행이 아닐 때, 점 A를 지나고 x축에 평행인 직선과 점 B를 지나고 y축에 평행인 직선의 교점을 C라고 하자. 그러면 $\triangle ABC$는 직각삼각형이고, 직각을 낀 두 변의 길이는 다음과 같다.

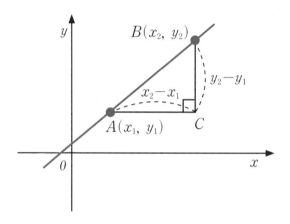

여기서 $\overline{AC}=|x_2-x_1|$, $\overline{BC}=|y_2-y_1|$임을 알 수 있다. 직각삼각형이므로 피타고라스의 정리에 의하여 다음이 성립한다.

$$\overline{AB}^2=\overline{AC}^2+\overline{BC}^2=(x_2-x_1)^2+(y_2-y_1)^2$$

따라서 다음을 얻는다.

$$\overline{AB}=\sqrt{(x_2-x_1)^2+(y_2-y_1)^2}$$

위 풀이 과정에서 수직선에서 두 점 사이의 거리 개념과 피타고라스의 정리에 대한 개념이 나온다. 이 두 개의 개념을 서로 연결하여 새로운 개념 좌표평면에서의 거리 공식이 나오게 된 것이다.

이렇게 유레카 수학으로 개념 학습을 하게 되면 일차함수에서 기울기를 구할 때 위에서 이해한 두 점 사이의 거리를 구하는 과정이 많은 도움을 준다. 왜냐하면 일차함수 $y=ax+b$의 그래프의 기울기는 다음과 같다.

$$(\text{기울기}) = \frac{(y\text{값의 증가량})}{(x\text{값의 증가량})} = a$$

즉, 좌표평면에 있는 두 점 $A(x_1, y_1)$, $B(x_2, y_2)$를 지나는 일차함수의 기울기를 구해 보면 다음과 같다.

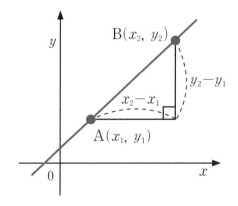

$x_2 \neq x_1$일 때 기울기$= \dfrac{y_2 - y_1}{x_2 - x_1}$ 이 된다. 이것은 앞에서 두 점 사이의 거리 공식을 유도할 때 활용한 것이다.

또 이런 개념들이 미분과 적분까지 서로 연결되어 평균변화율과 접선의 방정식까지 그 영역을 넓혀 갈 수 있다. 평균변화율에 대한 개념도 직선의 기울기와 연계되어 있다.

아래 그림에서 함수 $y=f(x)$는 x의 값이 a에서 b까지 변할 때, y의 값은 $f(a)$에서 $f(b)$까지 변한다.

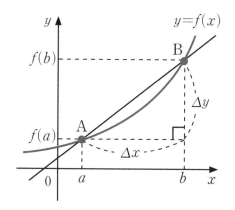

이때 x의 값의 변화량 $b-a$를 x의 증분, y의 값의 변화량 $f(b)-f(a)$를 y의 증분이라 하고, 기호로 각각 Δx, Δy와 같이 나타낸다.

$$\Delta x = b - a, \ \Delta y = f(b) - f(a) = f(a + \Delta x) - f(a)$$

또 x의 증분 Δx에 대한 y의 증분 Δy의 비율

$$\frac{\Delta y}{\Delta x} = \frac{f(b)-f(a)}{b-a} = \frac{f(a+\Delta x)-f(a)}{\Delta x}\text{를}$$

x의 값이 a에서 b까지 변할 때의 함수 $y=f(x)$의 평균변화율이라고 한다. 이때 비율을 두 점 $A(a, f(a))$, $B(b, f(b))$를 지나는 직선의 기울기와 같다.

이런 개념의 연결이 미분계수와 더 나아가서 접선의 기울기, 정적분과 미적분의 응용인 속도와 가속도까지 이어지면서 서로 연관을 갖고 있다.

함수 $y=f(x)$에서 x의 값이 a에서 $a+\Delta x$까지 변할 때의 평균변화율은 다음과 같다.

$$\frac{\Delta y}{\Delta x} = \frac{f(a+\Delta x)-f(a)}{\Delta x}$$

여기서 $\Delta x \to 0$일 때, 평균변화율의 극한값은 다음과 같다.

$$\lim_{\Delta x \to 0}\frac{\Delta y}{\Delta x} = \lim_{\Delta x \to 0}\frac{f(a+\Delta x)-f(a)}{\Delta x}$$

이때 이 극한값을 함수 $y=f(x)$의 $x=a$에서의 순간변화율 또는 미분계수라 하고, 기호로 $f'(a)$와 같이 나타낸다.

미분계수와 접선의 기울기는 함수 $y=f(x)$의 $x=a$에서의 미분

계수 $f'(a)$는 곡선 $y=f(x)$ 위의 점 $(a, f(a))$에서의 접선의 기울기를 나타낸다.

이와 같이 평균변화율에서 순간변화율인 미분계수로 이어지게 하는 결정적인 것은 역시 직선의 방정식의 기울기가 된다. 또한 이것은 적분에서 나오는 구분구적분의 개념까지 영향을 미친다.

그런데 이 거리 개념을 더 거슬러 내려가면 초등 과정에서 거리에 대한 개념이 나온다. 초등 과정에서 나온 거리의 개념을 통하여 좌표평면에서의 거리를 유도할 수 있다. 그래서 모든 개념(정의·공식·정리·원리 등)의 기초는 초등 과정에 있고, 그 단계를 정확히 이해하고 있어야만 중·고등 수학의 새로운 개념이 나올 때도 정확히 이해할 수 있다는 것이다.

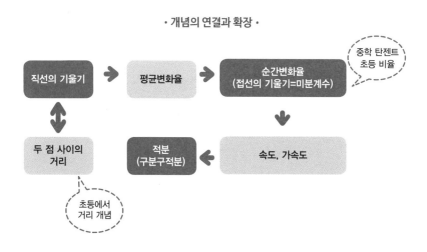

· 개념의 연결과 확장 ·

그만큼 초등 과정에서 나오는 수학 개념들이 중요하다는 것을 알수 있다. 예컨대, 덧셈의 원리부터 곱셈의 원리, 나눗셈의 원리, 분수와 소수의 원리, 나눗셈의 사칙연산 등은 매우 중요하다. 또한 '정삼각형의 한 꼭지점에서 마주 보는 변에 수선의 발을 내리면?' 같은 문제가 나온다면 적절한 이미지를 떠올릴 수 있도록 수학 개념과 원리를 그림(이미지)을 그리면서 이해한다면 수학적 사고력이 향상될 수있을 것이다.

초등 수학에서 중요한 것은 문제를 많이, 그리고 빨리 푸는 방법을익히는 것이 아니라, 수학의 규칙·원리·공식 등이 나오게 되는 과정을 깨닫는 것이다. 유레카 수학을 통한 개념 학습은 중·고등학교에서 새로운 개념을 이해하는 데 도움이 되며, 이와 같은 훈련은 결국 수학을 정복하는 원동력이 된다.

우수한 인재들이 경험한
유레카 학습법

육아 환경에서부터 교육 환경까지 모두 다르지만, 여러 가지 어려운 점을 극복하고 한 분야에서 뚜렷한 업적을 이루어 낸 이들에게는 공통점이 있다. 그것은 바로 '흥미'와 '집중'이다. 부모가 어렸을 때부터 여러 가지 분야에 흥미를 갖도록 이끌어 주어 그 과정에서 관심 가는 분야를 발견하고 집중적으로 파고드는 경우도 있고, 자신도 모르게 빠져들어 저절로 몰입하게 되는 경우도 있지만, 흥미·인내·몰입 등의 성질을 갖추고 성공을 이루어 냈다.

유레카 학습법은 여러 과학자와 수학자들이 많은 원리와 개념을 발견할 수 있었던 원동력이었다. 하나의 문제를 가지고 끊임없이 생각하고 몰입해서 어느 순간 직관력을 통해 발견해 낸 것들이다. 어떤 원리는 몇 시간 만에, 어떤 개념은 며칠 만에, 어떤 문제해결은 몇 달,

몇 년 만에 창조되었다. 세상을 바꾼 위대한 발견들은 직관력을 통한 창의력을 길러 주는 유레카 학습법이 그 원천이었다.

프리드리히 케쿨레

독일의 유기화학자 프리드리히 케쿨레Friedrich August Kekulé는 화학구조에 관한 학설인 '탄소원자의 연쇄설'과 '벤젠의 고리구조론'으로 유명하며, 석탄산 제법 등 실험에 관한 업적도 갖고 있다. 그는 꿈에서 뱀 한 마리가 자기 꼬리를 물어서 고리를 만들어 빙빙 도는 것을 보고 벤젠 고리의 화학구조를 발견했다. 그 문제에 얼마나 골몰했기에 이런 힌트를 주는 꿈을 꾸었는지 모르지만, 문제를 해결하기 위해서 끊임없이 생각하고 이미지를 상상해 낸 노력 끝에 결국 놀아운 업적을 이루어 냈다.

케쿨레는 1865년 여름에 꾸었던 자신의 꿈을 다음과 같이 묘사했다.

"나는 책상에 앉아 교재를 집필하려 했지만 도무지 일에 진척이 보이지 않았다. 생각이 엉뚱한 곳을 맴돌았다. 나는 의자를 난롯가로 돌렸고 선잠에 설핏 빠져들었다. 내 눈앞에는 원자들이 나타나 장난을 치며 뛰놀았다. 작은 원자들은 뒤쪽에 쪼그리고 앉아 있었다. 그동안 이런 류의 형상을 몇 번이고 되풀이했기에 내 마음 속의 눈은 좀 더 큰 다양한 구조들을 식별할 수 있었다. 이따금씩 원자들이 기다랗게 열을 지어 마치 뱀이 움직이듯 서로 꼬고 비틀면서 결합하고 있었다.

그런데 어라, 저것은 무엇인가? 그 뱀들 중 한 마리가 자신의 꼬리를 꽉 문 채 내 눈앞에서 조롱하듯 맴돌고 있었다. 머리에 번개가 내리친 듯 나는 잠에서 깨어났고, 이번에도 결론을 얻기 위해 꼬박 밤을 새울 수밖에 없었다."

이 꿈을 바탕으로 케쿨레는 파격적인 가설을 세웠다. 몇 가지 주요 유기화합물 분자는 그 구조가 개방된 것이 아니라 단일결합 또는 이중결합이 반복적으로 나타난 육각형 형태의 고리, 즉 자신의 꼬리를 물고 있는 뱀의 형태를 닮은 닫혀 있는 고리라는 것이었다.

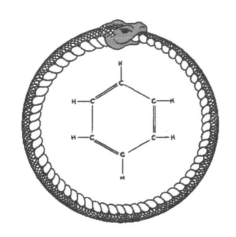

아르키메데스

고대 그리스의 수학자이자 물리학자인 아르키메데스Archimedes는 유명한 '아르키메데스의 원리'와 '지렛대의 반비례 법칙'을 발견하였으며, 그 외의 업적으로 그리스 수학을 더욱 진전시켰다.

우연히 목욕탕에 들어갔을 때 물 속에서는 자기 몸의 부피에 해당하는 만큼의 무게가 가벼워진다는 것을 문득 알아낸 그는 이 원리를 이용하여 왕의 금관이 위조품인 것을 알아내었다. 그가 목욕탕 속에 앉아 글을 쓰며 연구에 몰두했다는 기록은 어디에도 없다. 그 역시 허공을 칠판 삼아 수많은 생각과 상상을 했고, 이런 과정을 토대로 "유레카!"를 외칠 수 있었던 것이다. 결코 자신이 들어간 목욕탕의 물이 어느 날 갑자기 눈에 들어와 왕관의 순금 여부를 알아내는 방법을 깨달은 것이 아니다.

에디슨

미국의 발명가 에디슨Thomas Alva Edison은 특허수가 1,000종을 넘을 정도로 많은 발명을 하였다. 그는 1%의 영감으로 성공하기 위해 매일 18시간을 노력했다. 어려운 문제를 해결하는 데 결정적인 영감을 얻기 위해서 생각하고 또 생각하여 번뜩이는 직관력으로 실마리를 찾아낸 것이다. 에디슨은 창의적인 재능과 더불어 어떤 경우에도 포기하지 않는 낙천성, 그리고 자신에 대한 놀라울 정도의 자신감이 있었는데, 바로 유레카 학습법이 바탕이 되었다. 그가 직관적으로 발견해 낸 것들을 논리적으로 이론화하여 발명으로 이어지는 과정은 바로 메타인지 학습법이다.

아인슈타인

아인슈타인Albert Einstein은 빛이 에너지 덩어리로 구성되어 있다는 '광양자설', 물질이 원자 구조로 이루어져 있다는 '브라운운동의 이론', 물리적 시공간에 대한 기존 입장을 완전히 뒤엎은 '특수상대성이론' 등의 논문을 발표하였다. 그런데 이때 발표한 논문들은 단 8주 만에 작성된 것이었다. 놀라운 성과를 짧은 시간에 이루어 낸 아인슈타인을 우리는 20세기의 천재라고 한다. 그러나 정작 아인슈타인 자신은 이렇게 이야기했다.

"나는 몇 달이고 몇 년이고 생각하고 또 생각한다. 그러다 보면 아흔아홉 번은 틀리고, 백 번째가 되어서야 비로소 맞는 답을 얻어 낸다."

실제로 그의 위대한 업적들은 실제 세계가 아니라 그의 머릿속에서 이루어졌다. 그는 사고 실험을 통해 상대성이론을 만들어 냈고, 그것을 통해 세상을 바라보는 우리의 눈을 바꾸어 놓았다. 그 결과 지난 20세기 동안 가장 유명하고 영향력 있는 인물이 되었다. "나는 머리가 좋은 것이 아니다. 단지 문제가 있을 때 남들보다 좀 더 오래 생각했을 뿐이다."

뉴턴

뉴턴Isaac Newton은 사과가 떨어지는 것을 보고 '만유인력의 법칙'을 발견한 것으로 유명하다. 하지만 정말 사과가 떨어지는 것을 보고서 만유인력을 생각해 낸 것이 아니다. 뉴턴은 "물체의 운동은 왜 그렇게 움직일까? 행성은 왜 그렇게 움직일까?"에 대한 질문을 한순간도 놓지 않았고, 오랫동안 수없이 생각하고 또 생각했다. 그 과정에서 위대한 발견을 이룬 것이다.

뉴턴 전문가인 리처드 웨스트폴Richard S. Westfall이 쓴 『프린키피아의 천재』에 의하면 뉴턴은 데카르트의 『기하학』을 읽어 가며 독학으로 기하학을 익혔다고 한다. 읽는 동안 대부분을 이해하지 못했지만 포기하지 않고 반복해 읽고, 생각을 거듭한 끝에 누구의 도움이나 가르침도 받지 않고 전체 내용에 정통하게 되었다. 유레카 학습의 경험으로 위대한 과학자가 된 것이다.

한스 베테

미국의 물리학자 한스 베테Hans Albrecht Bethe는 1967년에 '핵반응 이론에 대한 공헌과 특히 항성의 에너지원에 관한 연구'의 업적으로 노벨 물리학상을 수상하였다. 그를 유명하게 만든 물리학 문제를 해결할 수 있었던 요인이 무엇이냐는 질문에 그는 "2가지입니다. 하나는 머리죠. 그리고 두 번째는 분명 아무런 결과도 나오지 않을 수 있는 문제에 매달려서 오랜 시간을 기꺼이 생각하면서 보내는 것입니다."라고 대답했다.

루이스 이그나로

1998년 노벨생리의학상 수상자 루이스 이그나로^{Louis Ignarro} 교수는 2006년 한국을 방문했다가 어떻게 하면 노벨상을 받을 수 있느냐는 질문을 받았는데, 이렇게 대답했다.

"과학은 9시 출근, 4시 퇴근하는 일이 아니다. 일주일 내내, 24시간 내내 '왜, 어떻게'가 머리에서 떠나지 않아야 하고, 마침내 해답을 얻었을 때 보상을 받았다고 생각하는 열정이 있어야 한다."

리처드 파인만

미국의 이론물리학자 리처드 파인만^{Richard Feynman}은 '양자전기역학의 재규격화이론'을 완성한 연구 업적으로 1965년 노벨물리학상을 공동 수상하였다. 그는 한 문제를 해결하기 위해서 생각에 몰두하는 장면을 다음과 같이 소개한다.

"나는 생각하면서 걷다가 가끔 한 번씩 멈춰 선다. 너무 어려운 것을 생각하다 보면 걸을 수가 없다. 이때는 멈춰 서서 해결될 때까지 기다려야 한다. 그래서 가끔 멈춰 서는데, 어떤 때는 손을 공중에 내저으면서 혼잣말을 한다. 이것들 사이의 거리는 이렇고, 그러면 이것은 이렇게 되고……. 거리에 서서 팔을 휘두르다 보면 순경이 다가온다. '이름이 뭡니까? 어디에 살아요? 지금 뭐 하고 있습니까?' '아! 생각이 있었어요. 미안합니다. 나는 이 동네에서 살고, 저기 보이는 레스토랑에 자주 가죠.' 좀 자나자 순경들은 나를 알아보고 다시는 잡지 않았다."

　

　많은 위대한 인물들이 어려운 문제를 두고 며칠, 몇 달, 때로는 몇 년을 생각을 하다가 직관력을 발휘해 결국 진리를 발견해 냈다. 순간의 작은 노력으로 된 것이 아니라, 끝까지 포기하지 않고 도전을 거듭해서 얻은 결과이다.

　직관력은 창의적인 문제해결력을 요구하는 현대사회에서 가장 중요한 요소이다. 유레카 수학은 직관력을 키워 나갈 수 있는 최적화된 학습법이다.

제3장

유레카 수학의
직관력을
높이는 방법

단순 계산에만
치우치지 마라

수학적 직관력은 천재들만 타고나는 것일까? 아니면 누구든지 훈련을 통해서 키워 나갈 수 있을까? 훈련을 통해서 가능하다면 어떻게 키울 수 있을까? 어떤 노력과 훈련을 해야 할까? 부모로서, 코치나 멘토로서 아이들의 수학적 직관력을 길러 주기 위해 어떻게 해야 할까? 이제부터 자세히 이야기해 보자.

"두뇌는 모든 것들에 집중할 수 없다. 지루하고 무미건조한 수업은 기억에 남지 않는다."라고 라우나 엘리슨은 말했다. 초등 수학에서는 몇 년 동안 수와 연산을 집중적으로 배우는데, 반복적으로 계산만 하다 보면 아이들은 학습을 지루해하고 수학을 싫어하게 되는 계기가 되기도 한다. 중학교에서도 마찬가지이다. 수학 교육과정을 보면 자연수·정수·유리수·무리수 등 수 체계와 연산이 나오고, 인수분해·곱셈 공식·방정식·부등식 등으로 이어진다. 이때도 공식을 먼저 암기한 후 문제를 푸는 방식으로 수업이 진행된다. 아이들은 수학 공부를 통해 수학적 사고력과 창의력을 키우기보다는 문제 풀이에만 최적화되어 가는 듯하다.

부모들은 또 어떠한가. 아이가 계산이 좀 느리거나 풀이 과정에서 실수를 하면 큰일이라도 난 듯 불안해하면서 연산 연습으로 몰아가기도 한다. 물론 문제 풀이에서 계산을 정확하고 빠르게 하는 것은 필요하다. 그러나 너무 단순 계산에 치중할 필요는 없다. 학년이 올라가면서 다양한 문제를 풀다 보면 자연히 숙달되고 좋아진다. 그보다는 직관력을 활용한 개념 학습과 심화 문제 풀이에 더 많은 시간을 할애하는 것이 필요하다.

초등 4학년이 수학의 첫 '고비'라고 말하는 학부모와 학생들이 적지 않은데, 이는 학년이 올라갈수록 심화되는 개념에 대한 이해가 부족한 탓이다. 예를 들면 초등 4학년에 분수와 소수점 계산이 나오는데, 익숙하지 않은 개념인데도 충분한 이해 없이 바로 문제 풀이에 들어가는 경우가 많아 아이들이 힘들어한다. 조금만 문제가 복잡하거나 유형이 바뀌면 그만 포기하고 만다.

다시 한번 말하지만 단순 계산 문제 풀이나 공식을 암기한 후 많은 문제를 푸는 것은 수학을 잘하는 것과 상관이 없다. 수학 학습에서 중요한 것은 수학적 사고력을 키우는 것이다. 사람은 모두 같은 수준의 수학적 두뇌를 가지고 태어난다. 다만 잘못된 수학 공부법으로 타고난 수학적 두뇌를 깨우지 못한 것뿐이다.

수학적 두뇌를 깨우는 노력은 어릴수록 효과가 좋다. 수학의 기본인 덧셈과 뺄셈도 무조건 계산부터 시작하지 말고, 아이 스스로 그 원리를 깨닫고 발견하도록 이끄는 것이 좋다. 중요한 것은 누가 더 빠르고 정확하게 계산을 해내느냐가 아니라, 누가 더 수학적 두뇌를 활용하여 그 원리와 개념을 스스로 발견하느냐이다.

예를 들면 가우스가 어릴 때 풀었던 $1+2+3+\cdots+100$을 어떻게 풀 것인가? 어떤 학생은 1부터 무작정 더하는 막노동을 하기도 한다. 그러다가 중간쯤에서 포기를 한다. 그러나 수학적 직관력을 발휘하면 문제를 자세히 들여다보며 전체를 바라보려고 노력한다. 개인에 따라 시간의 차이가 있을 뿐, 충분한 시간과 여유를 준다면 아이들은 분명히 규칙을 발견해 낸다. 때로는 가우스의 방법보다 더 기발한 방법이 나올 수도 있다.

다음 문제를 계산해 보자.

$21+7+9+3+6+4=?$

무턱대고 계산부터 시작하지 말고 전체를 바라보자. 그러면 직관적으로 21과 9, 7과 3, 6과 4가 보일 것이다. 직관력을 기르기 위해서는 항상 문제의 전체를 보는 것이 중요하다. 초등 과정에 나오는 수많은 연산 문제들을 대할 때도 기계적으로 문제를 풀지 말고, 더 빠르고 정확한 방법이 있는가 생각하고 연구하는 것이 먼저이다.

중2 수학 교과과정에서 배우는 순환소수를 예로 들어 보자. $\frac{1}{13}$이 유한소수인가, 순환소수인가를 물으면 아이들은 무조건 계산부터 하려고 든다. 많은 아이들이 연필을 잡고 1을 13로 나누기 시작한다. 하지만 쉽지 않은 계산이기에 중간에 포기하고 불평만 늘어놓는다. 그러나 유레카 수학으로 개념을 철저히 이해한 아이는 직관력으로 순환소수가 아님을 알 수 있다.

수학을 잘하려면 직관력을 기르는 훈련이 필요한데, 직관력을 기르기 위해서는 실패의 과정이 필수이다. 자전거 타는 것을 배울 때 처음에는 수없이 넘어진다. 하지만 포기하지 않고 계속 도전하다 보면 어느 순간 중심이 잡히고 앞으로 달려 나간다. 자전거 타기는 그 누구의 설명도 필요 없다. 오직 직접 넘어지고 다치면서 몸으로 배워야 한다.

유레카 수학도 마찬가지다. 교사나 부모가 아무리 개념을 설명해 주어도 그것이 내가 직접 고민하며 깨달은 것이 아니라면 내 것이 될 수 없다. 내 것이 아닌 지식은 시간이 지나면 잊어 버린다. 여러 차례 실수하고 좌절해 가면서 힘들게 깨달은 내용이 기억에 오래 남는다. 자꾸 생각하고 고민하는 과정에서 뉴런의 시냅스가 자극을 받고 새로운 신경회로가 튼튼하게 형성되기 때문이다. 자전거 타기와 마찬가지로 유레카 수학 또한 처음에는 어떻게 시작해야 할지 몰라 어렵고 힘들지만, 하다 보면 재미가 붙고 나만의 요령이 생긴다. 수학적 직관력에 탄력이 붙으면 실패를 조금씩 줄이면서 정답에 이르는 시간도 점점 짧아진다. 그 순간 짜릿한 성취감을 맛보기도 한다.

앞서 우리 뇌는 기분이 좋아지면 도파민을 분비하고 그 일을 지속시키려 한다고 이야기했다. 도파민이 분비되면 뉴런의 시냅스가 자극을 받고, 신경세포 연결망이 증식되고, 새로운 신경회로가 형성된다. 뇌는 뭔가 달성할 때 즐거움을 느낀다. 이때 그 기분 좋은 상태를 유지하기 위해 도파민, 세로토닌 등을 방출한다. 뇌가 우리에게 푸짐한 상을 주는 것이다. 다양한 경험을 통해 즐거움을 느끼고, 이것이 반복되면 습관이 되고, 결국에는 실력 향상으로 목표를 달성하게 된다. 이때 큰 성취감과 자신감이 형성된다. 이것을 뇌과학에서는 '강화학습'이라고 한다. 공부를 해서 하나를 알게 되면 기분 좋은 보상을 해주고, 그러면 다시 보상을 받기 위해 공부를 더 하게 되는 현상이다. 이것은 학습에서 대단히 중요한 뇌의 기전이다. 이러한 선순환의 반복이 즐겁고 행복한 공부로 이어지는 지름길이다.

어릴 때부터 꾸준히 유레카 수학으로 수학적 사고력과 직관력을 키운다면 수학 공부가 더 이상 지겹지 않다. 어떤 문제를 만나도 두렵지 않다. 유레카 수학이 잠자고 있던 수학적 두뇌를 깨워 새로운 시선에서 수학을 바라볼 수 있게 해 주기 때문이다. 그러면 우리 뇌는 유레카 수학을 계속하기를 원한다. 자연스럽게 수학의 고수가 되는 것이다.

패턴의 감각은
직관력으로 연결된다

양자전기역학의 재규격화이론을 완성한 연구 업적으로 1965년 노벨 물리학상을 수상한 리처드 파인만이 "내게 수학이 뭐냐고 묻는다면 나는 이렇게 말하겠다. 수학은 한마디로 패턴 찾기이다."라고 말할 정도로 패턴 찾기는 수학적 직관력을 기르는 데 매우 좋다.

먼저 재미있는 패턴 문제에 빠져 보자.

① 1, 1, 2, 1, 2, 3, 1, 2, 3, 4, 1, 2, 3, 4, 5, … 다음에 올 수 있는 숫자를 나열하면?

⇒ 패턴 문제를 풀 때는 계산부터 하지 말고 먼저 전체를 한눈으로 관찰하는 것이 필요하다. 천천히 관찰하다 보면 숫자가 점점 커지는 것이 보인다. 그래서 정답은 1, 2, 3, 4, 5, 6이다.

② 1, 1, 2, 1, 1, 2, 3, 2, 1, 1, 2, 3, 4, 3, 2, 1, ⋯ 다음에 올 수 있는 숫자를 나열하면?

⇒ 이 패턴 문제도 마찬가지이다. 패턴 찾기에서 중요한 것은 계산하지 말고 숫자의 배열을 천천히 음미하면서 전체적인 구조를 살피는 것이다. 이번에는 숫자가 커졌다가 작아지는 것이 보인다. 즉, 1, 2, 3, 4, 5, 4, 3, 2, 1이 된다.

계산과는 상관없이 숫자가 배열된 공간적인 상태를 보고 파악하는 것이다. 패턴 찾기 훈련을 통해서 공간과 배열을 재빠르게 파악을 하여 수학적 직관력을 키우는 것이다.

③ 2, 1, 4, 3, 6, 5, 8, 7, 10, ⋯ 다음에 올 수 있는 숫자를 나열하면?

⇒ 이 문제를 푸는 방법은 2가지이다. 첫 번째는 −1, 3, −1, 3, ⋯을 계속 더해 주면 된다. 두 번째는 짝수와 홀수의 순서로 이루어졌다는 것을 파악하는 것이다. 첫 번째 방법으로 푼 사람은 좌뇌형이고, 두 번째 방법은 우뇌형이다.

우리의 뇌는 좌뇌와 우뇌로 나뉘어 있는데, 좌뇌는 언어·수리·계산·분석·논리를 담당하고, 우뇌는 공간영역·직관력·상상력·창의력을 담당한다. 수학에서는 논리적인 사고를 관장하는 좌뇌도 중요하지만, 수학적 감각과 직관력을 키우는 데는 우뇌가 더 중요하다. 우뇌를 잘 이용해서 수학을 바라보는 자기만의 시선을 만들어 가면 수학 공부가 더 재미있어지고 성취감도 높아진다. 기계처럼 돌아가는 좌뇌와 상상력이 풍부한 우뇌가 동시에 작용하여 조화를 이루면 수학을 훨씬 잘할 수 있다.

④ 빈칸의 수는?

3	4	5	6	7	8	9	10
		52	63	94	46		

⇒ 아이들은 이런 패턴 문제가 나오면 역시 계산부터 하려고 한다. 이번 문제도 계산보다는 재빠르게 규칙을 찾는 것이 먼저이다. 통찰력 있게 문제를 바라본다면 제시된 숫자를 제곱한 후 자릿수를 바꾼 것임을 알 수 있다.

⑤ 다음 수는 일정한 규칙이 있다. 빈칸을 채우시오.

			22	21
10			13	
		7	14	
2				
1	4			

⇒ 이번에도 규칙을 찾으면 문제가 바로 해결된다. 정답은 다음과 같다.

25	24	23	22	21
10	11	12	13	20
9	8	7	14	19
2	3	6	15	18
1	4	5	16	17

좀 더 어려운 문제에 도전해 보자. 계산부터 하지 말고 머리를 굴리면서 조건과 단서들을 찾아보자.

⑥ 3^{100}을 7로 나눈 나머지를 구해 보자.

⇒ 7로 나눈 나머지에 착안해서 나머지는 7보다 무조건 작다는 것을 유추할 수 있다. 그래서 답을 1에서부터 6까지로 예상할 수 있다. 문제를 단순화해서 보라. 가장 큰 흐름을 살펴서 그것으로 해석하면 80% 이상은 대부분 해석이 된다.

3^{10}을 7로 나눈 나머지를 생각해 보자.

	나머지		나머지
$3^1 = 3$	3	$3^7 = 2187$	3
$3^2 = 9$	2	$3^8 = 6561$	2
$3^3 = 27$	6	$3^9 = 19683$	6
$3^4 = 81$	4	$3^{10} = 59049$	4
$3^5 = 243$	5		⋮
$3^6 = 729$	1		

몇 번을 하다 보면 나머지는 3, 2, 6, 4, 5, 1 순서로 순환되는 것을 알게 되어 문제를 해결하는 데 결정적인 단서가 된다. 그래서 나머지가 1은 3^6, 3^{12}, 3^{18}, …, 3^{96}이고 이어서 나머지가 3은 3^{97}, 나머지가 2는 3^{98}, 나머지가 6은 3^{99}, 나머지가 4는 3^{100}이 되는 것을 알 수 있다.

복잡한 문제인 것 같지만 패턴화하면 단순해져 문제를 쉽게 풀 수 있다. 이런 패턴 훈련은 문제의 전체를 보게 하여 직관적으로 단서들을 찾게 된다. 어떤 수학자들은 수학을 패턴의 학문이라고 정의한다. 패턴을 찾는 것은 미래를 예측, 유추하는 힘을 키우는 것이다.

처음에는 쉽지 않지만 문제를 풀기 전에 항상 전체적인 구조를 보려는 마음을 가지면 된다. 수학적 직관력을 키우는 훈련을 반복하다 보면 뇌가 자극을 받아 뉴런과 시냅스를 통해 모든 종류의 자극을 받아들일 준비를 한다. 자동적으로 두뇌가 계발되고 신경회로의 융합을 통해 문제를 해결할 수 있다.

중요한 것은 하나하나 분석하는 게 아니고 상황을 한눈에 살피는 것이다. 찬찬히 바라보면서 동시에 부지런히 생각하는 것이 핵심이다. 이때 필요한 것은 다양한 경우의 수를 떠올리고 이를 융합해 내는 힘이다. 이런 과정이 바로 패턴을 통한 직관력을 기르는 것이기도 하다.

패턴 문제에 익숙하지 않은 아이들은 처음에는 쉬운 문제부터 접근한다. 패턴 문제에 두뇌활동을 적응시킨 후 난이도 있는 문제로 나아가다 보면 점점 자신감이 생기면서 동시에 문제의 핵심을 찾아내는 직관력이 발휘된다. 추상적인 사고력이 필요한 고난이도의 수학 문제를 해결하기 위해서는 패턴을 찾아내는 상상력이 풍부한 신경회로가 필요하다. 즉, 고도의 사고력을 통해 학습할 수 있는 준비가 되어 있어야 한다. 이것이 직관력을 기르는 유레카 수학의 첫걸음이다.

수학적 사고력을 키우겠다는 의도된 목적이 아니더라도 아이들은 학교에 들어가기 전이나 초등학생 때부터 정보와 지식의 연관성이나 패턴을 찾는 법을 다양한 방면에서 자연스럽게 배워 왔다. 이것을 수학적 사고력으로 연결시키지 못하다가 본격적인 수학 수업을 받으며 수의 연산을 활용한 연관성과 패턴을 찾아내는 훈련을 시작하게 된 것이다.

청소년기는 패턴 구성 능력이 한층 발달하고 강화되는 결정적인 시기로 보인다. 청소년기의 뇌는 여러 영역에서 수많은 신경회로가 만들어지고, 그 연결이 강화되고, 때로는 사용되지 않는 신경회로는 가지치기되는 과정을 거치면서 점점 정교한 패턴과 연관성을 찾는 데 능숙해진다. 아이들이 이해하기 힘들어하던 문제를 어느 순간 '아하!' 하고 이해하게 된 경험이 있을 것이다. 흩어져 있던 퍼즐 조각들이 마술처럼 단번에 맞춰진 것처럼 말이다. 이 순간에 직관력이 발휘된 것이다. 아이들의 뇌가 문제를 이해하는 데 도움이 되는 패턴과 연결고리를 찾아냈기 때문이다.

하지만 이렇게 문제를 깊이 이해하고 해결하는 과정이 어느 순간 이루어지거나 모든 아이들에게 일어나는 것은 아니다. 이러한 과정은 다양한 학습 경험을 통해 정보 간의 연관성을 파악하고 패턴을 인식하는 데 필요한 뇌의 신경회로가 충분히 발달되었을 때 일어난다.

군이 수학 문제 풀이를 통해서가 아니더라도 언어능력이나 대인관계, 의사소통능력, 구체적 사고에서 추상적 사고로의 전환 등 여러 방면에서 그 발달 정도를 확인할 수 있다.

따라서 가정이나 학교에서 아이들이 다양한 학습 과정에서 정보·지식·연산 등의 패턴을 발견하고 구성할 수 있도록 충분한 기회를 제공하여 훈련하도록 한다. 이 단계를 거쳐서 스스로 입력된 정보를 바탕으로 패턴을 사고하고 융합해 답을 도출해 본 아이들은 수학 공식과 문제 풀이의 과정을 찾는 것도 두려워하지 않는다.

그런데 안타깝게도 학교에서는 공식을 먼저 가르친다. 공식을 배우고 적용하는 법을 배운다. 문제 풀이 과정을 암기하듯이 공부하면 '3^{100}을 7로 나눈 나머지'만 구하는 방법만을 기억하게 된다. 하지만 처음부터 여러 가지 생각을 통해 문제 풀이에 도전했던 아이들은 수식은 기억하지 못해도 해결 과정을 도출해 내었기에 뇌의 신경회로에 입력되어서 관계된 문제가 나오면 거뜬히 풀 수 있다.

이것이 진짜 수학이고, 이러한 경험이 쌓이면서 수학에 흥미를 느끼고 더 많은 훈련을 시도한다. 자연스럽게 우리가 원하는 수학적 사고력과 직관력은 향상된다. 덮어 놓고 "수학을 재미있게 해라." "사고력을 키워라." "개념이 중요하다."라고 아무리 떠들어댄들 아이들이 직접 경험하고 깨닫지 못하면 아무 소용이 없다.

패턴 문제는 번뜩이는 직관력만 있으면 복잡한 규칙도 한눈에 확들어와 재빨리 공간 배열 상태를 찾아 규칙을 알아낸다. 초등 과정의 사칙연산부터 중학교 연산, 수와 식의 계산, 고등학교에서 수열, 극한, 미분과 적분까지 이어지는 것이다. 얼마나 멋진 일인가. 수학은 이렇게 재미있는 거다!

추상적인 수학 개념을
이미지화하라

현대사회는 멀티미디어 시대이다. 책을 통해서 지식을 습득하는 시대는 가고 이미지·영상·가상현실체험 등 다양한 채널을 통해 지식이 전해지고 있다. 텍스트를 읽기보다는 학습자의 눈을 통해 정보가 통째로 뇌에 새겨진다. 영상 및 이미지는 집중력을 높이는 데 효과적이며, 무엇보다 학습자의 흥미를 유발할 수 있다. 특히 수학과 같은 개념과 원리가 매우 추상적인 학문은 이를 시각적으로 익히고 체험하면 보다 쉽게 개념을 이해할 수 있다.

이미지를 통한 시각적 정보 입력은 눈에 보이는 것을 수동적으로 받아들이는 것이 아니라, 능동적으로 현재와 과거의 경험이 조합·통합·융합·연결되어 창의성이 크게 향상된다. 그래서 우리가 어떤 공부를 할 때 학습 내용을 이미지화하면 뇌에 자극을 주어 오래 기억을 유지할 수 있다. 그럼 이미지 학습법을 활용한 사람들의 예를 들어 보자.

『공부가 가장 쉬웠어요』의 저자 장승수 씨는 IQ 113, 내신 5등급의 평범한 젊은이로 포크레인 조수, 택시 기사, 공사장 막노동꾼 등으로 지내다가 고등학교 졸업 6년 만에 서울대 인문계 수석으로 입학하였다. 또 제45회 사법시험에 당당히 합격하여 사람들을 놀라게 하였다. 그의 공부 비결 중 하나는 이미지 학습으로, 학습 내용을 이미지화해 머릿속에 그리는 방식으로 공부했다.

영어는 물론 프랑스어 · 이탈리아어 · 독일어 · 라틴어 · 중국어 · 일어를 섭렵한 '언어 천재' 조승연 씨는 독학한 라틴어 경시대회에서 우수상을 수상하였으며, 미국의 대학입학시험인 SAT II 에서 만점을 받았다. 그의 학습법 역시 이미지를 적극적으로 활용하는 것이었다. 그는 공부는 힘들여 배우는 것이 아니라 미술 작품처럼 '감상'하는 것이라고 말한다. 그러면 여러 분야의 지식이 머릿속에서 유기적으로 연합하고 확장되기 때문에 여러 나라의 언어를 익히며 통섭형 인재로 나아갈 수 있었다.

5분 영상 복습으로 예일 대학교에 합격한 박승아 씨는 미국의 대학입학시험인 SAT Ⅱ에서 영어·생물·화학·일어 4과목에서 총 790점(만점 800점)을 받았다. 그에게는 '5분 영상 복습법'이란 비장의 무기가 있었다. 그날 학습한 내용을 걸어가는 동안이나 차를 기다리는 동안, 차 타고 가는 시간 등 5분 동안 되새기는 학습 방법이다. 학습 내용을 바로 이미지화해서 통째로 뇌에 새기는 일을 하면서 학습 효과를 극대화시킨다.

MIT의 스펠크Elizabeth Spelke 교수팀이 발표한 〈숫자 처리의 2가지 형식에 관한 연구〉가 있다. 이 연구는 숫자를 인식하고 처리할 때 언어를 처리하듯이 기호로 인식하여 논리적으로 처리하는 모드와, 기호를 그림으로 처리하는 영상 모드가 함께 있다는 것을 과학적으로 증명하였다.

스펠크 교수의 연구에서 밝혔듯이 이미지 학습법은 수학의 개념을 이미지, 그림, 영상으로 표현하고 문제를 해결하는 것을 말한다. 때로는 머릿속에서 이미지나 그림을 떠올리고 생각을 통해서 문제를 해결하기도 한다.

이미지를 이용해 수학을 공부하면 일단 수학이 쉽고 재미있어진다. 계산할 때 번거롭게 손을 사용하지 않아도 되기 때문이다. 암산할 때도 이미지 학습법을 발휘하여 직관력을 기를 수 있다. 단, 암산은 이해가 바탕이 되어야 한다. 수학 잘하는 아이들은 손으로 풀이 과정을 적는 것보다 오히려 암산이 더 정확하다고 한다. 풀이 과정을 손으로 쓰다 보면 말도 안 되는 실수가 생기는데, 글로 옮겨 쓰다가 다른 숫자를 적기도 하고 부호도 다른 것으로 적는 등의 실수를 할 수도 있기 때문이다. 그런데 암산으로 하게 되면 그런 오류가 나오지 않는다. 암산을 많이 해 본 아이들은 169는 13^2이고, 361은 19^2이라는 것을 직관적으로 파악할 수 있다. 오히려 서술형으로 푸는 아이들보다 직관적 사고력이 뛰어나다.

2의 거듭제곱, 3의 거듭제곱 등은 외우라는 사람들이 있는데, 그 이유는 시험 문제에 그런 수준의 문제가 출제되었을 때 생각하지 않고도 바로 답을 쓸 수 있기 때문이다. 그러나 학년이 올라갈수록 외울 것은 늘어난다. 어떻게 그런 결과가 나왔는지에 대한 이해 없이 무조건 결과만 외운다면 실수를 할 수도 있다. 당연히 틀린 답을 유출해 낸다. 그러나 원리에 대한 이해를 바탕으로 한 암산이 되고, 암산을 하면서 수에 대한 감각도 있으면 외울 필요가 없다. 그냥 이해해 버리는 것이므로 공식을 잊어 버렸다 해도 문제를 풀 수 있다.

이미지 학습법을 수학 학습에 활용하는 또 하나의 방법은 추상적인 수학의 개념·정의·원리 등을 본인의 상황에 맞추어 적극적으로 이미지화하는 것이다. "그림 하나는 천 마디 말과 똑같다."라는 중국 속담이 있다. 그림은 말보다 3배의 효과가 있고, 말과 그림을 같이 소개하면 말보다 6배의 효과가 있으며, 성인은 1분에 약 110~160개의 단어를 이야기하지만 머릿속으로는 400~500개를 떠올리는데 시각 교구가 그 간격을 좁혀 준다.

위스콘신 대학교 연구에 의하면 시각을 사용하여 어휘를 학습했을 때 학습 효과가 200%가 되며, 하버드 대학교 연구에 의하면 시각을 활용하면 14~38%의 기억력 향상이 있다고 한다.

예컨대, 함수의 개념은 매우 추상적인데 필자는 자동판매기(자판기)를 떠올리게 된다. 자판기에 동전을 넣으면 반드시 1개가 나오는 상황을 함수의 개념으로 연결한 것이다. 함수의 개념과 용어들은 매우 어렵고 추상적이다. 실생활과 연결된 이미지를 활용하면 함수의 개념을 바로 이해할 수 있고, 다른 함수의 원리로 발전할 수 있다.

수학 내용을 이미지화할 때 명심해야 할 점은 수학의 내용·개념·정의·원리 등을 명확하게 이해한 상태에서 만들어야 한다는 것이다. 그러면 자연스럽게 내용에 가장 알맞은 이미지가 떠오를 것이다. 이미지 학습법을 초등학생 때부터 시작한다면 수학에 대한 흥미를 유발할 뿐 아니라, 문제를 풀 때에도 많은 도움이 된다. 이런 훈련을 통해서 직관력이 향상되기 때문이다.

다음 그림은 고등학생들이 수학 개념을 이미지로 나타낸 내용들이다.

2학년 (3) 반   팀원 (김해주, 한규리   )

수학개념	이미지로 표현하기	이미지에 대한 설명(해석)쓰기
수열의 수렴		수열의 수렴을 뱀의 몸으로 표현했다.
수열의 발산		수열의 발산을 출넘기로 표현했다.
∞−∞꼴의 무리식 극한		∞−∞꼴의 무리식 극한은 유리하 이므로 사람이 유리로 변하는 모습으로 표현했다.

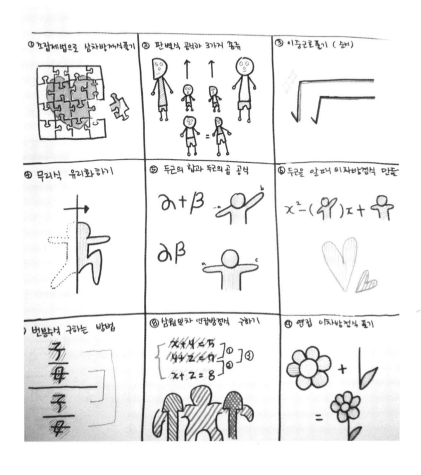

2학년 (2) 반 팀원 (20%5 OMC 2052? OM1L)		
수학개념	이미지로 표현하기	이미지에 대한 설명(해석)쓰기
수열의 수렴		수직은 위로갈수록 갈수록 숫자의 번째 작아지기 때문에 높이 돌다 갈수록 끝내 발견해 지는 에펠탑을 그렸다
수열의 발산		수열의 발산(양(+)00) 은 숫자의 배가 한없이 커지게 성질은 가지고 있기 때문에 점점 퍼지는 와이-파이 (Wi-Fi)의 개념을 그렸다.

위 그림을 보면 아이들의 기발한 생각에 놀랄 때가 많다. 첫 번째
그림에서 추상적인 수열의 수렴을 설명하기 위해서 뱀으로 표현을
했고, 세 번째 그림에서는 수열의 발산을 설명하기 위해서 요즘 어
디서나 볼 수 있는 와이파이로 표현을 했다. 정말 놀랍고 탁월한 표
현이다.

도형, 그래프,
기타 그림을 이용하라

프랑스는 세계에서 네 번째로 많은 노벨상 수상자를 배출했고, '수학의 노벨상'이라고 불리는 필즈상에서도 미국 다음으로 많은 수상자를 배출했다. 프랑스에 유독 뛰어난 수학자가 많은 이유는 뭘까? 바로 생각의 힘을 길러 주는 프랑스의 교육에 그 비결이 있다.

프랑스 교사는 수학 시간에 기본 개념에 대한 설명에 가장 공을 들인다. 프랑스 수학 수업에서 문제를 잘 푸는 것은 그리 중요하지 않다고 한다. 정답을 맞히는 것보다 더 중요하게 생각하는 것은 정답을 찾아가는 과정이다. 그래서 문제가 모두 서술형이다. 아이들은 기본적으로 문제 풀이 과정을 모두 써야 하는데, 혹 답이 틀려도 풀이 과정에서 자기가 적은 만큼 부분 점수를 받을 수 있어서 답을 틀려도 그렇게 개의치 않는다.

그래서일까, 프랑스 학생들은 수학 문제를 풀 때 그림을 많이 그린다. 수학 개념이나 문제를 그림으로 시각화하는 것이다. 필자 또한 앞서 수학을 공부할 때 그림을 그려 이해하면 주어진 문제의 의미를 훨씬 더 분명하게 파악할 수 있다고 말했다. 그림을 그려 가면서 문제에 접근하고자 하는 시도, 자기만의 언어로 표현하려는 다양한 시도들이 긍정적인 결과를 불러 왔던 것이다.

몇 년 전 〈공부의 왕도, 공부의 달인〉이라는 프로그램이 방영된 적이 있다. 전국 최상위권 성적을 기록한 학생들은 어떻게 공부하는지 소개하는 프로그램이었다. 그 중에서 수학 공부법과 관련된 사례도 나왔는데, '그림으로 수학을 풀다'라는 제목으로 소개되었다. 주인공은 고등학교 2학년 김소연 학생으로, 김양은 재학 중인 대일외고 수학 시험에서 2학년 내내 만점을 받았다.

김양에게는 공식을 외우고 문제를 식으로 풀이하는 것보다 그림을 그리고, 종이를 오려 문제를 푸는 독특한 수학 공부법이 있었다. 수학 문제가 제시되면 공식을 생각하기보다 도형이나 그림으로 먼저 접근했다. 수학 공식에서 떨어져 생각하고 다양한 방법으로 문제 풀이를 시도했다. 그림을 그리면 답이 보인다고 하며, 수십 줄에 걸친 풀이 과정 없이 단 세 줄에 답을 찾아내기도 했다. 시험 시간에도 도형이 머릿속에 잘 떠오르지 않거나 그림이 그려지지 않으면 시험지

를 찢어 도형을 만들어 보기도 했다. 사고의 전환을 통해 새롭게 접
근한 것이다. 계산식이 복잡하게 나오는 문제는 실수가 많은 법인데,
이미지로 공부하면 실수가 줄어들고 푸는 시간이 줄어든다고 했다.

그림으로 수학 문제를 푸는 것은 주어진 수식을 좌표계나 도형에
도입해서 푸는 경우를 말한다. 이것을 '기하학'이라고 하는데, 수열
의 극한·벡터·확률의 경우에는 기하학적인 접근이 용이하다. 고등
학교 수학 교과과정에는 수열의 극한·공간도형·미분·적분·정적
분·이차곡선·타원·쌍곡선·확률 등 고차원적인 수학 분야가 즐비
하다. 어렵고 복잡한 개념들을 그림으로 나타내면 이해하기도 쉽고,
어려운 문제를 풀 때에도 해결의 실마리가 잘 떠오른다. 한마디로 수
학적 감각이 살아나 직관력을 활용할 수 있다.

일단 수학의 개념·정의·원리·내용 등을 이미지화하는 연습을
하자. 이미 이미지로 나타낸 것들은 그 이미지로 연습하면 된다. 이
를테면 삼각형·사각형·마름모꼴·정육면체·사각뿔·삼각기둥 등
도형의 개념은 이미 이미지가 있기 때문에 이미지를 많이 그려 보고
직접 만들어 보는 것이 중요하다. 직접 체험해 보면 나중에는 상상만
으로도 이미지를 떠올릴 수 있다. 초등학생 때 이미지 훈련이 이루어
지면 중학교 도형, 고등학교 도형이나 기하학에 매우 지대한 영향을
미친다. 초등학생 때 학습하는 도형의 전개도는 중·고등학교에서 고

난이도의 도형 문제를 풀 때 큰 힘을 발휘한다.

초등학생 때 이미지 학습법으로 가장 좋은 방법은 작도이다. 직접 그려 보면 대칭·대조·비례·균형 등 수학적 감각을 형성하는 데 도움이 된다. 이런 훈련에 익숙해지면 중학교 과정의 입체도형에서는 얼마든지 머릿속으로 이미지를 그릴 수 있다. 나아가 고등학교에서 평면도형·함수·미적분·벡터를 학습할 때 자유롭게 이미지를 표현할 수 있게 된다. 그림으로 표현할 수 없는 입체도형, 3차원 도형, 보조선 등을 상상력으로 얼마든지 표현할 수 있다. 블록 쌓기, 큐브로 만들기 등도 이미지 형성에 좋은 영향을 준다.

초등 4학년부터 분수와 소수에 대한 개념과 연산이 나오는데, 많은 아이들이 분수와 소수 연산에서 수학을 포기하고 싶은 마음이 든다고 한다. 아이들을 괴롭게 하는 분수를 어떻게 정복할 수 있을까? 처음부터 그림으로 원리를 이해하면 좋다.

다음과 같이 분수의 덧셈과 뺄셈의 원리를 그림으로 이해하는 것이다. 이렇게 그림으로 배우는 과정도 교사나 부모의 가르침을 받아서 이해하는 것보다 스스로 생각하여 직접 그림을 그리면서 원리를 깨우치는 것이 좋다. 그러기 위해서는 처음 분수를 배울 때 그림으로 표현하는 것으로 학습을 시작해야 한다.

$$\frac{1}{4} + \frac{2}{4} = \frac{3}{4}$$

$$\frac{2}{3} - \frac{1}{2} = \frac{4}{6} - \frac{3}{6}$$

$$\frac{3}{4} + \frac{2}{4} = \frac{5}{4}\left(1\frac{1}{4}\right)$$

$$1\frac{1}{4} + 1\frac{2}{4} = 2\frac{3}{4}$$

분수의 나눗셈 원리를 이해할 때도 그림으로 표현해 보도록 한다. 그림으로 원리를 이해하고 문제 푸는 훈련을 많이 하면 나중에 복잡한 문제도 그림으로 단순하게 표현할 수 있어서 많은 도움이 된다.

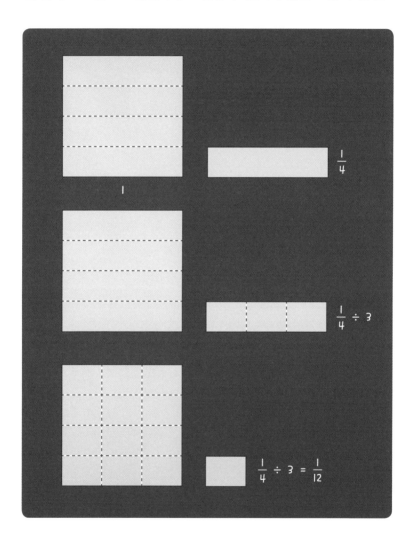

집합의 연산을 처음 배울 때도 벤다이어그램이라는 그림을 활용해 보자. 차집합이나 여집합, 교집합 등 간단한 개념이지만 꼭 그림으로 나타내는 연습을 한다. 그러면 집합의 복잡한 연산도 그림으로 쉽게 풀 수 있다.

다음은 전체집합 U의 두 부분집합 A, B에 대하여 $(A \cup B)^c = A^c \cap B^c$가 성립함을 벤다이어그램을 이용하여 설명한 것이다.

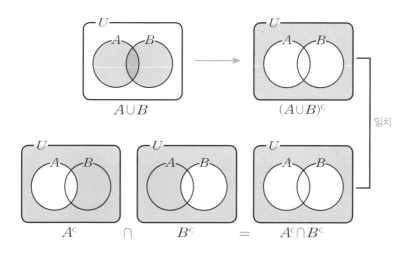

함수의 정의 역시 매우 추상적인 개념이어서 이해하기가 쉽지 않다. 이런 함수의 정의를 무작정 암기하게 하면 당연히 함수가 지루해지고 결국 수학이 싫어지게 되는 계기가 된다. 함수에 대한 감각이 아직 없는 상태에서는 $\{f(x) \mid x \in X\}$라는 단순한 기호의 의미를 이해하는 데 이미지와 감각을 총동원하여 가슴으로 느끼는 것이 중요하다.

함수적 관계의 불규칙한 것의 예
성적 = f(공부 시간)

공부 시간	1시간	2시간	3시간	4시간	5시간
평균성적	70점	84점	90점	92점	92점

(1일 동안)

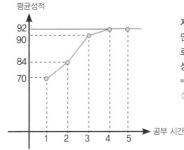

자연과학, 사회과학의 여러 가지 법칙도 인문과학의 여러 현상도 함수라는 개념으로 설명할 수 있다. 이런 실제 생활의 현상을 수학적 언어로 바꾸어 생각하는 것.
➡ 수학적 추상화 ➡ 복잡하고 어려운 현상을 간단하게 만들어 쉽게 이해

함수적 관계의 불규칙한 것의 예
행복 = f(성적)

수학 성적	60점	70점	90점	100점
행복	10점	30점	80점	100점

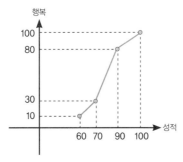

함수는 우리 가까이에 있다.
함수의 그래프와 통계는
세상을 열게 하고
미래를 열게 한다.

방정식이나 부등식을 공부할 때도 함수의 그래프를 활용하면 원리 파악이 수월하여 문제를 잘 풀 수 있다. 방정식과 함수는 개념을 그 자체로 이해하기가 쉽지 않고, 반복 훈련을 많이 해서 익숙해져야만 자연스럽게 문제를 풀 수 있다. 두 부분은 사실 동전의 양면처럼 항상 붙어 다님에도 대다수의 아이들이 방정식과 함수를 따로 공부한다. 사실 대부분의 방정식은 함수 그래프의 도움을 받으면 쉽게 접근할 수 있고, 계산 속도도 빨라진다. 그래프의 정복은 방정식과 함수의 정복이고, 이것은 또한 수학의 정복과도 같은 것이다. 함수의 그래프를 충분히 익히고 나면 방정식을 풀기 전에 미리 결과를 짐작할 수 있다.

다음은 핸드폰 요금의 약정요금제도를 나타낸 표이다.
그래프를 통하여 절약요금제가 더 유리한 시점은 언제까지인지 구하자.

	기본요금	분당 통화료
일반요금	800	20
절약요금	0	60

(단위 : 원)

통화시간 : x, 요금 : y일 때 관계를 각각 식으로 나타내면?

일반요금 $y = 800 + 20x$
절약요금 $y = 60x$

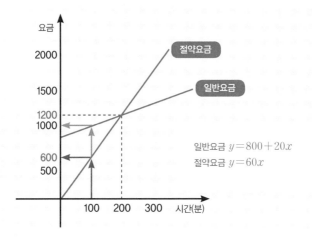

일반요금 $y = 800 + 20x$
절약요금 $y = 60x$

호랑이가 토끼를 잡으려고 쫓고 있다.
호랑이는 초속 16m, 토끼는 초속 11m로 100m 앞에서 달리고 있다.
토끼는 몇 초 후에, 몇 m에서 잡히겠는가?

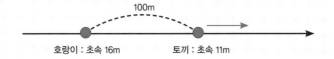

거리 = 속도 × 시간, 거리 = y, 시간 = x라면
호랑이 $y = 16x$
토끼 $y = 100 + 11x$

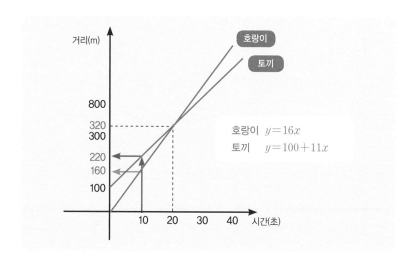

호랑이 $y = 16x$
토끼 $y = 100 + 11x$

  계산을 하거나 논리적으로 접근하지 않고 먼저 그래프를 그려 보면서 몸으로 체득하는 과정이다. 함수는 기본적 원리 몇 개만 이해한 다음 그래프 그리는 훈련을 시작해야 한다. 그래프를 자유자재로 그리지 못하는 상태에서 문제 풀이로 들어가면 수학적 두뇌를 활용하지 못하고 또다시 단순 계산에서 허우적거리게 된다.

  함수의 그래프는 그냥 대충 느낌으로 그린다. 그림 그리듯이 그래프를 그리면 된다. 완전제곱식으로 바꾸어서 꼭지점을 구하고, 절편을 구하기 이전에 먼저 그래프를 느낌으로 완전히 익혀지도록 연습해 보자. 그렇게 되면 나중에는 함수식만 보아도 머릿속에서 바로 그래프가 이미지로 떠오를 것이다.

  이외에도 수열 극한의 경우 그래프를 잘 그리면 연속이 아닌 점이나 미분에서 불능인 점을 찾기 쉽다. 공간도형의 경우는 좌표계를 도입하면 쉽게 문제를 풀 수 있으나 약간의 기술을 요하므로 충분한 연습이 필요다. 정적분의 경우에는 넓이를 구하는 문제가 많은데, 수식보다는 그래프를 통해 음수값인 정의역을 찾는 것이 오히려 더 쉽다. 확률도 기본적인 정규분포가 그래프인 곡선으로 되어 있기 때문에 그래프 그리는 훈련을 많이 해야 한다.

그림은 수식보다 문제를 푸는 데 용이하며, 그림을 그려야지만 풀 수 있는 문제도 수능 시험에서 다수 출제되고 있다. 그래프를 그리는 것에 몰두하게 되면 꿈속에서도 문제를 푸는 믿지 못할 일들도 경험하게 된다.

도형은 직관력을
향상시키는 보물이다

수학적 사고력이 높은 아이들은 단순한 연산이 반복되는 초등 저학년 때는 큰 두각을 나타내지 못하지만 고학년으로 올라갈수록 수학을 좋아하고 잘하는 아이로 발전한다. 따라서 스스로 생각하고 답을 찾는 공부 습관이 길러지기 위해서는 많은 문제를 풀기보다 한 문제라도 충분히 생각하고 스스로 답을 찾을 수 있도록 기다려 주는 부모의 배려가 필요하다.

그런데 이러한 시간적 여유와 부모의 배려가 쉽지 않은 것이 우리나라 수학 교육의 현실이다. 잘 풀리지 않는 문제 앞에서 아이가 당황하면 대부분의 부모는 상급 학년의 어떤 공식이나 개념이 필요한 것이 아닌가 하고 선행학습을 부추기거나, 비슷한 문제의 유형을 찾아 여러 번 풀게 하는 것을 볼 수 있다. 이런 학습 패턴은 새로운 유형을 만날 때마다 아이에게 스트레스를 주는 악순환만 반복할 뿐이다. 더구나 개념 이해가 되지 않은 급박한 선행이나, 유형별 기계적인 문제 풀이는 일정 시간이 지나면 기억에서 사라지기에 더욱 의미 없는 일이다.

대학 입시를 앞둔 고등학생보다 여유가 있는 초·중학교 때는 수학 공식 암기나 문제 풀이 기술을 익히는 데 시간을 쏟기보다는 이미지로 되어 있는 도형을 통해 수학적 사고력과 직관력을 향상시키는 데 힘을 쏟으면 좋다. 고등학교 때 수학을 잘하는 아이들은 대부분 중학교 때 도형에 심취하며 수학에 재미를 붙였다고 한다. 고등학교 수학은 종합적이고도 복합적인 응용력을 요구하는 문제가 많이 출제되므로 중학교 때 수학적 사고력이 자리를 잡지 않은 학생은 아무래도 성적을 올리는 데 한계가 있다. 유레카 수학으로 기초를 튼튼히 한 학생은 한 문제만 풀어도 열 문제를 풀 수 있고, 처음 만나는 유형의 문제도 직관력으로 해결한다.

도형은 가장 기본 내용을 충분히 이해하면 수학 분야뿐 아니라 과학·미술·음악·체육·건축학·우주공학에 이르기까지 우리의 삶에 필요한 다양한 분야로 생각을 넓힐 수 있다. 구체적인 형태를 지니고 인류의 실생활과 밀접하게 발전해 온 수학 분야가 바로 도형이기 때문이다. 그래서 도형 분야는 수학적 사고력과 상상력, 번뜩이는 직관력을 향상시키는 보물 창고와 같다. 앞서 이야기한 이미지를 활용한 학습을 할 수 있는 좋은 분야이기도 하다.

그런데 많은 아이들이 수학에서 특히 도형을 어려워한다. 입체도형의 겉넓이나 삼각비, 원주율이 나오면 지레 겁을 먹는 아이들이 많다. 관련한 문제를 풀려면 외워야 할 공식이 많았기 때문이다. 하지만 암기 없이 수학적 사고력과 직관력으로 문제를 해결하는 유레카 수학을 통해 도형을 확실하게 내 것으로 만든다면 수학에 대한 자신감은 한층 커질 것이다.

초등학생 때부터 삼각형, 사각형, 원 등을 직접 그리고 만들어 보는 것부터 시작하자. 각 도형이 어떻게 구성되어 있으며, 어떤 특징을 가지고 있는지 암기하지 말고 몸으로 체득하게 해 준다. 중학교 교과 과정에는 도형 분야가 많다. 삼각형·사각형 등 다각형의 개념과 다각형의 각·넓이·길이, 비례식, 원 등 그 유명한 유클리드 기하학을 기초한 도형이 나오는데, 평면도형에서부터 입체도형까지 매우 고난이도 문제에 이르게 된다. 그 중에서 한 분야만 정복해도 나머지 도형들이 하나씩 정복된다.

『유클리드 기하학원론』은 성경에 이어 가장 많이 읽히는 베스트셀러로 유명한데, 많은 학자들에게 영감과 통찰력을 주었다고 한다. 화가나 음악가 등은 물론이고, 세상을 바라보는 통찰력이 필요한 철학자나 과학자들에게도 유클리드 기하학은 필수였다. 20세기 가장 영향력이 있는 과학자인 아인슈타인도 어릴 때 유클리드 기하학에 심취해 직관력과 상상력을 기를 수 있었고, 결국은 상대성이론을 발견하는 데 이른 것이다.

도형 문제를 해결할 때는 우선 눈으로 천천히 문제의 도형을 훑어본다. 제시된 도형이 입체도형이거나 난이도가 높은 도형이라면 그림으로 그리는 것보다 머릿속에서 상상하는 것이 오히려 실수를 줄일 수 있다. 이는 꾸준한 훈련이 필요하므로 평소 도형을 많이 그려보면서 머릿속으로 이미지를 상상해 본다.

도형 문제의 핵심은 보조선이다. 도형의 정복은 보조선의 정복과도 같다고 할 수 있다. 때로는 보조선을 상상으로 그리면서 감각으로 느껴야 한다. 입체도형과 같이 3차원, 4차원에서 보조선을 그을 때는 머릿속으로 상상하면서 해야 한다. 이때 직관력이 필요하다. 복잡한 도형에서 상상력과 직관력 없이 보조선을 자유롭게 표현하기는 쉽지 않기 때문이다. 이런 이유로 예술가나 철학자들이 도형에 심취하기도 하는데, 도형에서 보조선을 활용한다는 것은 상상력을 한껏 발휘하여 세상의 난제들을 해결할 수 있는 능력을 기르는 것과 같다. 뛰어난 영감과 통찰력을 발휘할 수 있게 되어 위대한 그림을 그리게 하고, 창의적인 곡을 만들고, 글을 쓰게 한다.

다음 문제는 중학교 과정의 도형에서 동위각, 엇각을 활용하는 간단한 문제이다. 이 문제를 풀기 위해서는 간단하지만 보조선이 필요하다.

문제

직선 l, m이 서로 평행일 때 각 $\angle x$의 값을 구하면?

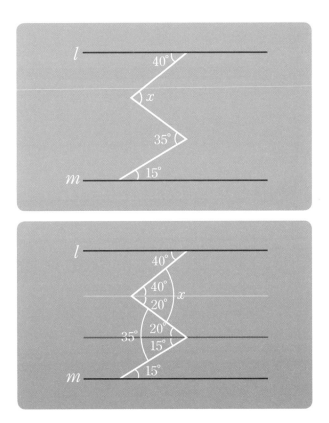

도형에는 보조선을 활용하는 문제들이 많고, 특히 복잡하고 어려워 보이는 문제일수록 보조선을 활용해야 한다. 보조선의 기본 원리는 대부분 그림에서 나오는 어느 선과 평행하게 그릴 것인가가 중요한 부분인데, 직관적이고 감각적으로 그은 보조선 하나에 복잡해 보였던 문제가 하나씩 풀려 나간다. 마치 엉켜 버린 실타래가 술술 풀리는 것처럼 말이다.

그럼 다음 주어진 도형을 표시한 것과 같이 돌린 도형을 각각 그려 보자.

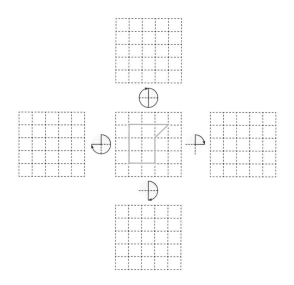

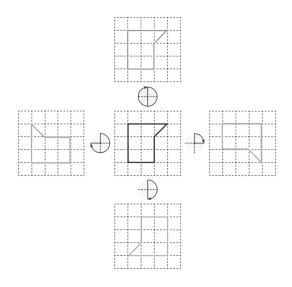

위 그림은 '도형의 밀기·뒤집기·돌리기·뒤집고 돌리기'로서 초등 3학년 때 나오는 학습 과정이다. 이때 다양한 도형으로 훈련을 해 보면 중학교 도형이나 고등학교 기하에 많은 도움이 된다. 숙달이 되면 도형 문제를 해결하려는 과정 속에서 움직이는 이미지를 보게 된다. 도형이 마치 살아 움직이는 것과 같은 느낌이 든다. 직접 손으로 그려 보지 않아도 머릿속으로 실험할 수 있다. 닮은 조건이나 합동인 이유를 논리적으로 풀려고 하지 말고 그냥 상상으로 느끼면 된다. 이런 과정을 통해서 수학적 사고력과 직관력이 향상되어 수학적 두뇌를 계발할 수 있고, 수학이 재미있어지는 계기가 되며, 나아가 수학의 고수가 되어 어떤 문제도 정복할 수 있다.

중학교 도형은 직관력과 수학적 상상력을 기르는 최고의 분야이고 두뇌 계발에 도움이 되는 것은 분명하지만, 우리나라 중학생들에게는 수학 점수를 깎아먹는 분야일 뿐 좀처럼 도움이 되지 못하고 있다. 수학 단원 중에서 재미있게 공부할 수 있는 도형을 단순히 시험을 위한 문제로만 받아들이기 때문에 두뇌 계발은커녕 오히려 수학을 싫어하게 되는 원인이 되니 참 기가 막힌다. 중학교 3년 동안 그렇게 많은 시간을 들여 도형을 공부해도 수학적 상상력과 직관력을 키우지 못하고 아까운 시간만 낭비하게 된 꼴이다.

지금 우리가 배우는 다양한 도형의 정리나 성질은 이미 오래전 뛰어난 수학자들이 직관력을 통해 발견한 것이다. 아이들은 논리적으로 정리해 놓은 것을 그저 암기하고 반복해서 문제만 풀어대니 조금도 재미있지 않다. 교과서의 풀이 과정을 따라 증명과 정리들을 외우고 문제만 풀 것이 아니라, 도형을 전체적으로 바라볼 수 있는 눈과 감각을 터득해야 한다. 한번 시도해 보라. 보조선 연습과 여러 가지 이미지 훈련을 꾸준히 하다 보면 신기하게도 도형은 쉽게 정복된다. 수학적 감각이 살아나며 자신감이 붙으면 다른 교과를 공부할 때에도 큰 힘을 발휘하게 된다. 현재 수학 점수에 너무 연연하지 말자. 1년이 지나면 본인도 모르는 사이에 향상된 실력을 깨닫게 될 것이다.

심화 문제도
이미지로 푼다

수학은 그 어떤 교과보다 선행학습이 보편화되어 있다. 그런데 선행학습을 하는 아이들은 자기가 원해서 하는 경우가 드물다. 그러다 보니 학습 의욕이 떨어져 집중력을 잃게 된다. 문제를 제대로 읽지 않고 풀거나 단순한 사칙연산에서 반복적인 실수가 나오니 틀린 문제를 또다시 풀어야 하는 과정 속에서 아이들은 수학에 대한 거부감을 갖게 되는 것이다. 선행학습이 마치 필수인 것처럼 여겨지는 사회 분위기 탓에 기초가 부족한 학생마저 상위 학년 개념을 배우느라 허덕인다. 많은 아이들이 학년이 올라갈수록 한계를 느끼며 좌절하고, 수학을 포기해 버리는 것은 이 때문이다.

선행학습은 수학 지식을 먼저 습득하는 것뿐이다. 그 지식은 나중에 때가 되면 배우게 될 지식이다. 미리 안다고 해서 수학적 사고력과 직관력, 문제해결능력이 길러지는 것도 아니다. 차라리 그 시간에 현 학년의 학습에 초점을 두고 작년까지 배워 온 내용이 무엇인지, 앞으로 나올 내용과는 어떤 연결 관계가 있는지를 파악하는 것이 무리한 선행학습을 강행했을 때보다 훨씬 높은 성취도를 얻을 수 있다.

또한 선행학습은 깊은 사고 없이 공식을 암기하여 문제를 반복하여 풀기 때문에 아이들의 창의성을 떨어뜨린다. 유사 문제를 계속 풀면 뇌는 창의력과 응용력을 상실하여 풍부한 수학적 사고력을 키워내지 못한다.

필자는 문제를 적게 풀어도 깊이 생각하고 고민할 수 있는 심화 문제를 푸는 것이 효율적인 수학 학습법이라고 생각한다. 그래서 선행학습할 시간에 심화학습을 하는 것이 더 좋다고 생각한다. 심화 문제는 여러 개념들이 연결·융합되어 있기 때문에 뇌에서 효율적인 시냅스 연결을 가능케 하여 응용력과 창의력을 향상시킬 수 있다. 심화 문제를 통해 직관력 또한 더욱 향상되어 궁극적으로는 논리적 사고력으로 발전한다.

몇 년 전 전국 최상위권 성적을 기록한 학생들의 공부법을 소개하는 〈공부의 왕도, 공부의 달인〉이라는 프로그램이 방영된 적이 있는데, '수학, 어려운 문제에 도전하라' 편의 주인공인 고등학교 2학년 남영석 학생은 전국 학력모의고사 수리영역에서 전국 최상위권에 오른 학생이었다. 그는 자신의 공부법에 대해서 이렇게 말했다.

"저는 수학 공부를 할 때 어려운 문제 중심으로 공부를 하는데, 이렇게 어려운 문제 중심으로 공부하면 수학 실력이 늘 거라고 꼭 확신해요. 수능에 나오는 2점짜리 문제와 4점짜리 문제의 차이는, 2점짜리 문제는 단순 개념에 수식만을 이용한 것이지만 4점짜리 문제는 개념과 수식 그리고 응용을 이용해야 하니까요. 수능에서 4점짜리 문제를 풀기 위해서는 사고력을 키워야 한다고 생각해서 어려운 문제들을 접하기 시작했습니다. 수능은 속도 싸움이라고도 하지만 결국에는 어떤 문제를 풀 수 있느냐의 문제거든요. 그래서 저는 쉬운 문제 100개를 기계적으로 푸는 것보다 어려운 한 문제를 정말 열심히 생각해서 푸는 게 수학적 사고력을 높이는 데 훨씬 도움이 된다고 생각해요."

정말 맞는 말이다. 수학적 사고력과 직관력이 어느 정도 향상되면 쉬운 문제를 여러 번 푸는 것보다 어려운 문제를 푸는 것이 좋다. 시간이 많이 걸려도 괜찮다. 1시간, 2시간, 때로는 하루, 이틀, 일주일도 생각하며 도전해 보는 것이다. 이때 앞서 이야기한 것처럼 머릿속에 문제의 이미지를 떠올려서 생각하고 고민해 보는 것도 한 방법이다. 어려운 문제 하나를 풀면 그 문제에 관계된 여러 개념과 수식들이 내 것이 되고, 이것이 서로 연결되어 다음 심화 문제를 해결하는 데 도움이 된다. 직관력이 팽창하는 순간이다.

중학교 시절 남영석 군은 해답지를 보고 풀이 과정을 익힌 뒤 다시 문제를 푸는 방법으로 공부를 했지만 고등학교에서는 해답을 보지 않고 스스로 문제를 풀기로 결심하고 실천했다. 어려운 문제들을 접할 때는 이해할 때까지 해답을 보지 않았다.

"예전에는 정말 모르는 거라도 해답을 보고 나면 '아, 내가 아는 거잖아?' 하고 모르는 것도 아는 것처럼 느껴지는 경우가 있었거든요. 그런데 이제 해답을 안 보고 풀다 보니까 내가 정말 모르는 게 뭔지 알 수 있게 되었습니다. 그리고 예전에는 실수하던 것도 실수라고 느끼지 않았는데, 이제는 제가 실수인 걸 확실하게 알게 됐어요. 스스로 길을 찾아가는 연습을 해야 발을 잘못 디딘 지점을 발견할 수 있었어요."

어려운 문제를 포기하지 않고 몇 날 며칠 고민하다 보면 문제 속에 담긴 수학 개념을 확실히 이해하는 계기가 되기도 하고, 여러 개념들이 어떻게 연결되고 융합되는지 깨닫는 계기가 된다.

"어떤 공식이 있을 때 대부분의 친구들은 그 공식이 왜 나오는지 생각하지 않고 우선 외운 후 문제에 적용시키는 경우가 많습니다. 그렇게 여러 문제를 풀면서 개념을 이해하겠다는 거죠. 하지만 저는 이 공식이 어떻게 탄생되었는지, 이 공식이 왜 성립할 수 있는지 궁금해서 먼저 그 공식을 증명한 다음에 공식을 그대로 인정하고 문제에 적용합니다."

이러한 과정을 통해 어려운 문제를 풀었을 때의 성취감은 대단하다. 난이도가 높은 문제를 풀기 위해서는 고도의 집중력을 쏟아야 하기 때문에 창의적 아이디어도 많이 만들어 낸다. 이때 이미지화해서 문제를 해결하는 것도 좋은 방법이다. 그럼 심화 문제를 이미지로 나타내어 간단하고 쉽게 푸는 몇 가지 사례를 들어 보자.

문제

서로 직교하는 두 직선의 기울기의 곱이 -1임을 보여라.

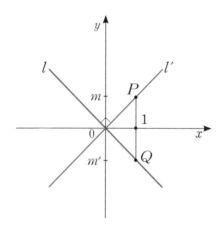

이 문제를 수식으로 증명해 나가면 다음과 같다.

좌표평면 위에서 두 직선

$l : y = mx + n$, $l' : y = m'x + n'$이 수직이기 위한 조건은

원점을 지나고 두 직선 l, l'에 평행한 두 직선

$l_1 : y=mx$, $l'_1 : y=m'x$도 서로 수직인 것이다.

이때, 직선 $x=1$과 l_1, l'_1의 교점을 각각 P, Q라 하면,

$P(1,\ m)$, $Q(1,\ m')$이고, $\triangle OPQ$는 직각삼각형이므로,

피타고라스 정리에 의하면,

$\overline{OP}^2 + \overline{OQ}^2 = \overline{PQ}^2$ … ①이고,

$\overline{OP}^2 = 1+m^2$, $\overline{OQ}^2 = 1+m'^2$, $\overline{PQ}^2 = (m-m')^2$ …②을

①식에 대입하여 정리하면, $mm' = -1$이다.

따라서 l, l'은 서로 수직이다.

그럼 다음은 문제를 이미지화하여 풀어 보자.

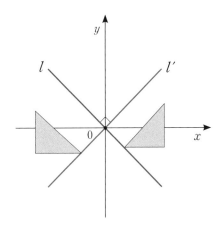

직선의 기울기를 직각삼각형의 밑변과 높이의 비로 설명하고, 두 직선에 합동인 두 직각삼각형을 끼워 넣으면 맞아떨어진다. 그리고 두 직각삼각형의 기울기의 곱이 −1임을 보이면 된다. 매우 직관적이고 감각적이다.

이 문제는 많은 아이들이 틀렸던 문제라고 한다. 아마도 기존 수업의 방법처럼 수식으로 접근할 경우 무한등비급수에 대한 숙련된 계산 실력 외에도, 1학년 과정인 코사인 제2법칙 및 피타고라스 정리 등을 이용하여 식을 정리해 가는 과정이 어렵기 때문이다. 반면, 문제를 이미지화하면 쉽게 직관적으로 이해할 수 있다.

문제

$1+2+3+\cdots+n=\dfrac{n(n+1)}{2}$ 을 이용하여,

$1^3+2^3+3^3+\cdots+n^3=\left\{\dfrac{n(n+1)}{2}\right\}^2$ 임을 보여라.

이 문제를 기존 증명 방법인 수식으로 증명해 나가면 다음과 같다.

☞ 주안점

항등식에서 $x=1, 2, 3, \cdots, n$을 대입하여 문제를 풀게 한다.

☞ 풀이

$(x+1)^4 - x^4 = 4x^3 + 6x^2 + 4x + 1$의 x에

$1, 2, 3, \cdots, n$을 차례로 대입하면

$x=1$일 때, $2^4 - 1^4 = 4 \times 1^3 + 6 \times 1^2 + 4 \times 1 + 1$

$x=2$일 때, $3^4 - 2^4 = 4 \times 2^3 + 6 \times 2^2 + 4 \times 2 + 1$

$x=3$일 때, $4^4 - 3^4 = 4 \times 3^3 + 6 \times 3^2 + 4 \times 3 + 1$

$\quad \vdots$

$x=n$일 때,

$$(n+1)^4 - n^4 = 4 \times n^3 + 6 \times n^2 + 4 \times n + 1$$

n개의 등식을 변끼리 더하면

$$
\begin{aligned}
(n+1)^4 - 1^4 &= 4 \sum_{k=1}^{n} k^3 + 6 \sum_{k=1}^{n} k^2 + 4 \sum_{k=1}^{n} k + \sum_{k=1}^{n} 1 \\
&= 4 \sum_{k=1}^{n} k^3 + 6 \times \frac{n(n+1)(2n+1)}{6} \\
&\quad + 4 \times \frac{n(n+1)}{2} + n
\end{aligned}
$$

$$\therefore 4\sum_{k=1}^{n} k^3 = (n+1)^4 - n(n+1)(2n+1)$$

$$-2n(n+1)-n-1$$

$$= (n+1)\{(n+1)^3 - n(2n+1)$$

$$-2n-1\}$$

$$= (n+1)(n^3+n^2)$$

$$= n^2(n+1)^2$$

따라서 $\displaystyle\sum_{k=1}^{n} k^3 = \left\{\frac{n(n+1)}{2}\right\}^2$

그럼 다음은 문제를 이미지화하여 풀어 보자.

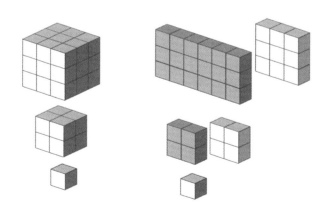

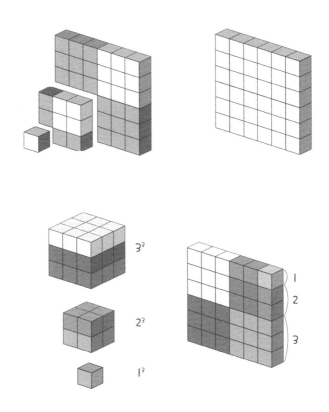

즉, $1^3 + 2^3 + 3^3 = (1+2+3)^2 = 6^2$임을 직관적으로 보여준다.

심화 문제는 기존 증명처럼 수식으로 접근할 경우 압박감을 느낄 정도로 많은 시간을 필요로 한다. 무엇보다 아이들은 이 증명을 지루해한다. 사차식의 이항전개에 대한 항등식의 성질을 비롯하여 일일이 대입하여 식을 정리해 나가는 과정과 복잡한 계산이 반복되기 때문이다. 반면, 문제를 이미지화하면 아이들은 직관적으로 받아들이고 문제를 쉽게 해결한다. 사차식의 이항전개에 대한 항등식 성질을 이용한 증명보다 쉽고 직관적으로 받아들일 수 있는 그림 자료를 바탕으로 학습한 후 계산에 적용하는 훈련을 하는 것이 좋다.

수학 학습의 목표는 창의성과 문제해결능력을 길러 주는 데 있다. 그런 면에서 학습 진도를 빨리 나가는 선행학습이 중요한 것이 아니다. 많은 문제를 푼다고 좋은 것도 아니다. 당장 수학 점수가 100점이라고 해서 좋아할 것만도 아니다. 개념을 찾아내는 직관력을 갖고, 수학의 진짜 재미를 아는 것이 중요하다.

수학을 진짜 좋아하는 사람은 '수학은 아름답다'고 이야기한다. 숫자와 공식이 한 치의 오차도 없이 딱 맞아떨어지는 학문이지만, 그 숫자와 공식 속에는 긴 시간 동안 많이 사람들이 포기하지 않고 탐구하며 발견해 낸 놀라운 발견들이 담겨 있기 때문이다. 스스로의 생각으로 똑같은 보물을 찾아낸 사람들은 수학의 아름다움을 느낀다. 유레카 수학으로 그 많은 보물들을 내 것으로 만들자.

독해력이
수학의 힘이다

흔히 독해력은 지문을 빨리 읽고 내용을 정확히 파악하는 능력이라고 알고 있다. 하지만 국어 과목에만 한정되는 능력은 아니다. 독해력은 어떤 텍스트가 담고 있는 정보를 파악하고 논리를 이해하며 감정을 느끼는 것이다. 따라서 모든 학업의 기초이며, 또한 사고의 토대가 되는 능력이다.

일단 교과서를 읽고 그 내용을 이해하기 위해서는 어떤 과목이든 기본적으로 독해력이 필요하다. 또한 언어를 자유자재로 구사할 수 없으면 그만큼 치밀한 사고가 불가능하다. 수학 역시 문장을 이해할 수 없으면 문제의 지문을 파악하기 힘들고, 당연히 문제를 풀 수 없다. 수능 문제에는 3~4개의 수학 개념과 그 연결성을 이해하는 사고력 문제가 출제된다. 즉, 문제를 이해해 풀기 시작하면 복잡한 계산은 많지 않다. 따라서 무엇보다 필요한 것은 연산 능력이 아니라 독해력과 개념 간의 연관성을 파악하는 사고력이다.

고학년에 접어드는 초등 4학년부터는 기초 연산과 함께 수학의 개념 이해가 중시된다. 개념 이해를 바탕으로 사고력을 요하는 문장제 문제들이 나오기 시작한다. 아이들이 수학 공부에 부담을 갖기 시작하는 시기이다. 이때부터는 개념을 정확하게 이해할 수 있도록 수학 이외의 풍부한 배경지식이 필요한데, 여러 가지 체험이나 독서를 통한 간접 경험과 응용 문제를 풀어 봄으로써 해결할 수 있다.

초등 4학년 아이들을 대상으로 수학 시험을 보았는데, 시험지의 한 면은 단순 연산 문제를, 다른 면에는 사고력을 필요로 하는 문장제 문제를 냈다. 시험 결과 연산 문제와 문장제 문제의 점수 차가 많이 벌어지는 아이들이 의외로 많았다. 아이들은 문장제 문제를 많이 어려워하는데, 근본적인 원인은 독해력 부족에 있었다.

문장제 문제를 풀기 위해서는 무엇보다 문제를 정확하게 이해해야 한다. 문제의 본질을 이해하지 못한 채 기계적으로 문제만 풀면 시간 낭비일 뿐이다. 그래서 독해력이 필요하다. 문제의 조건을 잘못 파악하면 틀린 답을 내놓는다. 독해력이 저하되면 수학 실력도 저하되는 이유가 바로 이 때문이다.

미국의 토마스 제퍼슨 고등학교는 최고의 명문 학교로 손꼽히는데, 그 비결은 바로 '바구니'에 있다. 이 바구니는 작문 노트를 제출하는 곳이다. 토마스 제퍼슨의 학생들은 매일 양서를 읽고 그 작품에 대한 분석과 감상을 정리해서 제출해야 하는 일종의 작문 숙제OR, Outside Reading 프로그램을 진행한다. 선생님들은 그 내용을 읽고 평가하여 첨삭 지도를 한다.

미국 버클리 대학교 심리학연구소의 〈세계적으로 성공한 600명에 대한 연구〉에 의하면 성공한 사람들의 5가지 특징은 강한 집중력, 살아 있는 감성, 창의적 사고, 정직한 성품, 풍부한 독서력이었다고 한다. 이 연구는 초등학생 시절에 읽은 책의 양과 질이 그 사람의 인생의 방향과 질을 결정한다는 결론을 내렸다. 이에 버클리 대학교 교육대학원 학장인 데이비드 피어슨David Pearson은 "독서와 작문을 배우게 될 때 학생들은 여러 조합의 전략을 얻게 된다. 자신이 읽고 있는 것을 이해하기 위한 감각을 얻게 되고, 읽은 것을 요약할 줄 알게 되고, 이해되지 않는 어려운 내용을 이해하기 위한 방법을 찾아내게 된다."고 말했다.

독서가 아주 익숙한 활동이 되면 언어의 생성 및 표현, 구사 능력을 담당하는 전두엽의 브로카 영역Broca's area, 그리고 우뇌의 각회라 불리는 영역, 소뇌의 우측 반구를 포함한 측두엽과 두정엽의 광범위한 부근이 활성화된다. 즉 훈련을 거쳐 사고활동이 성숙한 뇌에 이르게 되면 더 빠른 시간에 더 많은 정보를 처리할 수 있다. 초보 독서가가 많은 노력과 시간을 통해 정보를 받아들이는 데 반해 숙련된 독서가의 뇌는 스스로 다양한 프로세스를 활용해 쉽고 빠르게 이해하고 복잡한 추론도 빨리 해낼 수 있다. 그게 바로 수학을 잘하는 힘이 되는 것이다.

그럼 소금물의 농도에 관한 문제를 예로 들어 생각해 보자.

문제 컵 A에는 5%의 소금물 200g이 들어 있다. 컵 B에는 10%의 소금물 300g이 들어 있다. A와 B의 소금물을 합치면 몇 %의 소금물이 될까?

☞ 문제 풀이의 절차

① 이것은 2가지 소금물을 한데 섞는 문제이다.

② 구해야 할 것은 두 소금물을 한데 섞은 후의 소금물 전체의 농도이다.

③ 농도는 소금의 양을 소금물의 양으로 나누어 구한다.

④ 우선 A소금물 속에 녹아 있는 소금의 양을 구한다.

⑤ 소금의 양을 구하기 위해서는 소금물의 농도를 곱한다.

$200g \times 0.05 = 10g$

⑥ 다음으로 B소금물에 녹아 있는 소금의 양을 구한다.

$300g \times 0.1 = 30g$

⑦ 두 소금의 양을 더한 것이, 한데 섞은 소금물에 녹아 있는 소금의 양이 된다.

10g + 30g = 40g

⑧ 소금물 전체의 양을 구한다.

200g + 300g = 500g

⑨ 소금의 양을 소금물의 양으로 나누면, 소금물의 농도를 구할 수 있다.

40g ÷ 500g = 0.08

⑩ 그러므로 답은 8%이다.

공부를 잘하는 아이는 문장제 문제를 풀 때 머릿속으로 이런 절차를 그려 가며 문제를 푼다. 이것이 수학 문제를 풀 때 독해력과 언어력이 중요한 역할을 하는 이유이다. 즉, 식의 의미를 설명하고, 식과 식 사이의 연결 부분을 이해해 가면서 문제를 풀어 간다. '왜 이런 식을 세웠는가?' '무엇을 구하기 위해 이런 작업을 하고 있는가?'를 정확하게 이해하고 있다.

제4장

유레카 수학을
완성시키는
메타인지 학습법

자신을 성찰하는 능력, 메타인지 학습법

인간은 생각하는 동물이다. 동물과 본질적으로 구별되는 인간만이 갖는 '또 다른 생각'이 있다. 즉 인지 과정을 바라보는 또 다른 눈이 있다는 것이다. 자신의 인지 활동을 모니터링하는 '인지에 대한 인지'라는 의미에서 이것을 '메타인지Meta Cognition'라고 부른다. 일종의 내 머릿속의 거울인 셈이다. 메타인지는 나의 생각을 객관적으로 바라보는 또 다른 생각이다. 한마디로 '생각을 생각하는 것'이다. 그래서 '나자신을 아는 것'이 인간이다. 사람이 동물보다 더 똑똑한 이유는 메타인지가 있기 때문이다. 이 말은 동물보다 더 많이 안다는 뜻이 아니라, 자기가 모른다는 것을 알고 있고, 그것을 개선하기 위해 나아가야 할 방법도 알기에 더 잘 알게 된다는 뜻이다.

메타인지는 1976년에 발달심리학자인 존 플라벨John Flavel이 만든 용어이다. 인지 과정에 대한 상위 인지의 영역을 가리키는 말로, '초인지超認知' '상위인지上位認知'라고도 부른다. 즉 내가 무엇을 알고 있는지 혹은 모르고 있는지를 아는 것, 자신을 객관적으로 바라볼 수 있는 것이다. 더 확장시켜서 적용해 보면, 내가 어떠한 과제를 수행할 때 그것이 어떠한 결과를 낼 것인지에 대해서 아는 것도 메타인지라 할 수 있다.

그럼 나 자신을 아는 것, 생각을 생각하는 메타인지란 구체적으로 무엇이며, 인지와는 무엇이 다른가? 간단히 비교하면, 인지가 지식을 단순하게 이해하는 것인 반면, 메타인지란 자신의 지식 상태를 파악하고 그 지식을 적절하게 활용하는 것이다. 메타인지는 지식 그 자체가 아닌, 방법에 대한 지식인 것이다. 메타인지는 인지의 능동적인 지적 활동을 통해 지식의 효율을 높여 문제해결의 열쇠로 만들어 내는 뇌의 창의적 기능을 특별히 강조한 것이라 할 수 있다.

기억은 학습을 통해 나타난 인지적 변화이다. 따라서 학습 후 학습 내용을 기억해야 진짜로 배웠다고 할 수 있으며, 더 많은 것을 학습할 수 있다. 하지만 뇌는 학습한 모든 것을 기억하지 못한다. 그래서 학습된 내용은 적극적이고 능동적인 노력을 기울여야 제대로 기억될 수 있다.

인지심리학에서 인간의 정신활동을 컴퓨터의 정보처리 과정에

비유하여 설명하는 정보처리이론에 의하면, 인간의 학습은 감각기억 – 단기기억 – 장기기억이라는 기억의 구조에서 입력encoding – 저장storage – 인출retrieval이라는 과정을 통해 기억과 망각이 동시에 진행되는 인지 과정이라고 설명한다. 학습이란 감각기억에 들어온 정보 중에서 주의가 이루어진 것만 단기기억으로 넘어와서 다시 입력을 통해 장기기억으로 저장되는 '수동적인 학습 과정'과, 이미 저장되어 있는 기억을 회상하여 문제해결을 위해 사고하고 추론하면서 기억을 한층 강화시키고 확장하는 '능동적인 학습 과정'을 포함하는 것이다.

이때 단기기억에서 주의가 이루어지지 않거나 입력되지 못한 기억은 모두 망각되며, 또 장기기억으로 저장된 정보도 자주 인출하여 사용하지 않으면 망각이 시작된다. 학습에서 망각은 인지 과정의 자연스러운 작용이며 필연적인 과정이기도 하다. 하지만 기억을 인출하려는 노력, 즉 '기억 꺼내기'를 자주할수록 그 기억이 오래 간다는 것이다. 학습한 내용을 오랫동안 기억하고 싶으면 기억을 자주 인출해야 한다. 생각을 생각하는 이것이 바로 메타인지 학습법이다.

유레카 수학에서 직관력을 통해 얻은 결과를 논리적으로 전개하고 이론화해서 표현하는 데는 메타인지 학습법이 필요하다. 메타인지는 내가 무엇을 알고 모르는지에 대해 아는 것에서부터 자신이 모르는 부분을 보완하기 위한 계획을 세우고, 그 계획의 실행 과정을 평가하는 것에 이르는 전반을 의미한다. 이 능력이 뛰어난 사람은 어떤 것을 수행하거나 배우는 과정에서 어떠한 구체적 활동과 능력이 필요한지를 알고, 이에 기초해서 효과적인 전략을 선택하여 적절히 사용할 수 있다.

유레카 수학으로 시작하여 메타인지 학습법으로 완성하는 '야호 수학'이 필자가 최종적으로 권하는 최고의 수학 학습법이다. 유레카 수학과 메타인지 학습법이 상호작용하여 두뇌에 화학 반응이 일어나면 학습 효율성에 시너지 효과를 낼 수 있기 때문이다.

사실 유레카 수학에는 메타인지 학습법이 이미 작동하고 있다. 유레카 수학으로 얻은 지식을 논리적으로 정리하고 표현해서 완전히 자기의 것으로 만드는 과정이 바로 메타인지 학습법이라고 할 수 있다. 풀이 과정을 기록하거나 말로 설명하는 것, 셀프 테스트나 전문가의 피드백을 받는 것 등이다. 메타인지 능력이 뛰어난 사람은 자신이 공부한 내용을 얼마나 기억하고 있는지를 알기 때문에, 자신이 알고 있다는 느낌은 있지만 설명할 수 없는 것과 알고 있고 남들에게 설명도 가능한 지식을 구분할 수 있다.

모르는데 스스로 알고 있다고 생각하면 거기서 공부는 멈춰 버린다. 그러면 성적은 당연히 떨어질 수밖에 없다. 반면 '어? 내가 안다고 생각했는데 틀렸네. 모르고 있었구먼.' 하고 깨닫고 한 번 더 공부하면서 알려고 노력하면 발전이 이루어진다. 이것은 아주 중요한 공부 전략이다. 내가 모르는 것을 한 번 더 공부하고, 아는 것은 더 확고하게 하는 효율적인 전략이다. 그만큼 자신이 무엇을 알고 있는지 아는 능력이 학습에서 무엇보다 중요하다.

배운 내용을 복습할 때는 눈으로 읽으면서 익히는 반복 읽기와 셀프 테스트를 하는 방법이 있는데, 대부분의 아이들은 거의 전자를 선호한다. 다시 읽으면서 복습하는 게 훨씬 효과적인 공부라고 생각하기 때문이다. 실제로는 이렇게 생각하도록 뇌가 착각에 빠뜨린 것이다. 왜냐하면 셀프 테스트를 통해서 확인할 때 내가 모르는 것이 더 정확히 드러나기 때문이다. 그러다 보면 스트레스가 생기고, 뇌는 이 상황을 피하고 싶은 것이다.

반면 배운 내용을 그냥 읽어 나가면서 편하게 공부하면 쉽다. 스트레스도 안 받고 이해도 쉽게 잘되니까 기분이 좋아지고 자신감도 생긴다. 그래서 '나는 잘하고 있어!'라고 스스로 만족하면서 같은 행동을 계속하게 된다. 스스로 자신만만하게 만든다. 이것이 공부 습관을 망치는 결정적인 요인이다. 다 알고 있다는 착각에 빠지기 때문이다. 열심히 공부하는데 성적이 안 나온다고 말하는 아이들이 대부분 이러한 경우이다. 특히 하위권 학생일수록 자기 공부에 대한 착각이 많은 이유다.

반면 셀프 테스트를 통해서 모르거나 틀린 부분을 확인하면 그 순간은 스트레스가 생기면서 좌절감이 온다. 좌절감이 오면 기분도 안

좋아지고, 학습 동기도 떨어지고, 내가 잘못 공부하고 있다는 착각
마저 든다. 안다고 착각하는 뇌를 일깨우지 못하면 우리 뇌는 더 이
상 알려고 하지 않는다. 셀프 테스트는 많은 불편함을 느끼게 하지
만, 그때부터 내가 무엇이 부족하고 어디를 모르는지 알 수 있다. 이
때 생기는 좌절감은 공부에서 필요악이다. 나를 불편하게 하는 공부
가 진짜 공부인 셈이다.

메타인지가
학습의 성패를 좌우한다

생각을 생각하는 메타인지가 학습과 어떤 관련이 있고, 왜 그리 중요한 것인지 이야기해 보자.

수능 상위 0.1%의 학생들과 일반 학생들의 다른 점은 메타인지 능력에 있다. 메타인지는 인지 과정에 대한 인지를 말하는 것이다. 즉 내가 무엇을 알고, 무엇을 모르는지 아는 것을 통해 자신을 객관적으로 바라볼 수 있다. 더 나아가 내가 무엇을 모르는지 알면 내가 모르는 것을 위하여 무엇을 할 수 있는지, 내 장점을 어떻게 활용할 수 있는지에 대해서도 전략을 짤 수 있다.

몇 년 전 한 방송사에서 〈전교 1등은 알고 있는 공부에 대한 공부〉라는 다큐멘터리를 방영한 적이 있다. 고등학교 1학년을 대상으로 전교 1등 학생과 중위권 학생이 같은 수학 문제를 푸는 데 걸린 시간을 비교했는데, 2분 23초와 13분 33초로 11분의 차이가 났다. 똑같은 수학 문제를 해결하는 데 필요한 충분한 지식을 똑같이 갖추고 있음에도 어떤 학생은 빠르고 정확하게 해결하는데, 어떤 학생은 많은 시간이 걸리고 해결의 어려움을 겪는 원인을 찾아 학생들에게 무엇이 필요한지 알아보고자 했다.

두 학생의 차이는 자신이 가진 자원을 어떻게 적절히 활용할 줄 아느냐의 문제인 메타인지 능력의 차이에 있었다. 실제로 국내외 다양한 연구 결과에 의하면, 아이들이 문제해결에 실패하는 원인은 그들이 가지고 있는 자원의 부족에 있는 것이 아니라, 문제해결 과정을 효과적으로 관리할 수 있는 능력의 결여 때문이라고 지적한다. 메타인지가 수학 학습에서 창의력과 문제해결능력 향상의 핵심 전략이라는 것이 밝혀진 것이다.

이는 최근 뇌과학의 발달로 더욱 명백히 증명되고 있다. 뇌 영상 연구에 따르면, 성적이 좋은 학생과 그렇지 않은 학생의 뇌가 전전두엽 피질의 두께와 부피에서 상당한 차이가 난다는 것이다. 성적이 좋은 학생일수록 전전두엽 피질 부위의 회백질이 더 발달되어 있다는 것이 밝혀졌다. 전전두엽은 주로 추상적인 추론이나 판단, 의사결정 등에 영향을 미쳐 계획을 세우거나 아이디어를 구상하고 동기부여나 주의집중 등을 관장한다. 이러한 뇌의 고차원적인 사고력과 창의력은 모두 메타인지 능력과 밀접한 관련이 있다. 다시 말해 공부를 잘하는 학생일수록 전전두엽이 발달되어 있고, 메타인지 능력이 높다는 것이다.

그런데 메타인지 능력은 개인별로 편차가 매우 크다. 초등학교 수학 영재 간에도 메타인지 능력에 개인차가 매우 크게 나타난다는 것이 국내 연구에서 보고되고 있다. 어려운 문제를 잘 해결한다고 할지라도 창의성과 문제해결능력에는 차이가 있다는 것을 말해 주는 것이며, 소위 문제 풀이 기술의 습득이나 선행학습에 의한 효과에 의존하는 잘못된 영재교육에 대한 경종을 울리는 연구 결과라고 할 수 있다.

더욱 흥미로운 것은 메타인지가 기존에 우리가 알고 있던 상식과는 다르게 IQ보다 성적을 더 잘 예측하는 변수라는 것이다. IQ가 성적과 관련이 없다는 것은 아니지만, IQ는 성적을 25% 정도밖에 설명해 주지 못하는 반면, 메타인지는 성적의 40% 정도를 설명해 준다는 것이다. 또한 IQ와 메타인지는 분명한 차이가 있어서, IQ는 선천적인 요인이 강해 훈련을 해도 향상되기 어렵지만, 메타인지는 훈련을 통해 얼마든지 향상시킬 수 있다는 것이다. 후천적으로 발달시킬 수 있기 때문에 적절한 훈련으로 공부 잘하는 뇌를 만들 수 있는 것이다. 사고력의 지표인 메타인지가 학습의 성패를 좌우하는 셈이다.

흔들리는 교육에 새로운 방향타를 제시하며 아이들이 행복한 학교를 위한 다양한 방법을 모색했던 〈학교란 무엇인가〉라는 다큐멘터리에는 수능 상위 0.1%의 학생들을 연구한 내용이 나온다. 상위 0.1%의 학생들과 일반 학생들에게 총 25개 단어를 3초마다 하나씩 보여준후에 3분 안에 기억나는 단어들을 다 쓰게 하는 기억력 테스트를 실시했다. 결과적으로 일반 학생이나 상위 0.1% 학생이나 8개 정도로거의 맞춘 개수가 비슷했다. 그런데 기록한 단어 중에 "몇 개가 정답일까?"라는 질문에 일반 학생들은 정확하게 맞춘 학생이 단 한 명도없는 반면, 상위 0.1%의 학생들은 1명을 제외하고 다 맞추었다. 상위0.1%의 학생들은 자기가 무엇을 알고 무엇을 모르는지를 잘 알고 있었다. 즉, 메타인지가 높다는 것이다.

일반적으로 우리나라 학생들 중 72%가 사교육을 받고 있으며, 상위 0.1%의 학생들 중에서도 대략 60%가 사교육을 받고 있다. 그런데 상위 0.1% 학생들은 혼자 공부하는 시간을 매우 중요하게 생각하며, 최소한 하루에 3시간 이상은 혼자 공부하는 시간을 확보하고 있었다. 여기서 수업을 듣는 시간은 뺀 것이다. 예를 들어 어떤 학생이6시간을 공부했다고 하는데 5시간 동안 수업을 들었다면 그 학생이진짜 공부한 시간은 1시간이다. 수업을 듣고 있는 학생의 뇌를 측정해 보면 TV를 시청할 때와 비슷하다고 한다. 수업을 들을 때 우리 뇌는 수동적인 상태로, 모르는 것을 이해는 하지만 뉴런에서 신경회로를 만드는 자극이 아닌 금방 사라질 단편적인 기억들뿐이다. 수업을 듣는 것은 어떤 이해를 증진시킬 수는 있어도 장기기억으로 저장되도록 만들어 줄 수는 없는 것이다.

진짜 실력을 키우는 공부 시간은 수업을 듣는 시간이 아니라, 학습한 내용을 다시 꺼내는 시간이다. 대부분의 아이들이 학교 수업이 끝난 후 바로 학원에 간다. 아이들은 하루에 10시간 이상 책상에 앉아 공부한다고 하지만 실제로 수업 내용을 다시 꺼내는 혼자 공부하는 시간은 많지가 않다. 그런데 앞서 이야기한 상위 0.1% 학생들은 수업 내용을 다시 꺼내는 시간을 3시간 이상 확보하고 있는 것이다. 상위 0.1% 학생들이 일반 학생들과 달랐던 것은 뛰어난 기억력이 아니라 메타인지가 높았기 때문이었다.

또한 상위 0.1% 학생들은 자기만의 공부법을 갖고 있었는데, 한 학생은 틀린 문제를 정리하는 오답노트 활용으로 좋은 성적을 거두고 있었다. 오답노트를 통해 내가 무엇을 모르는지 계속 확인해 나갈 수 있었기 때문에 실제적으로 메타인지가 갈수록 높아지고 성적도 향상되는 성과를 얻을 수 있었다.

많은 아이들이 밤늦게까지 학원을 다니면서 열심히 공부하는데도 성적이 오르지 않는다고 호소한다. 수업 중에 딴짓도 하지 않는데 성적은 왜 제자리걸음일까? 이런 아이들은 대부분 학원에서 밤늦게 귀가하여 혼자 공부하는 시간이 너무 짧고, 취침 시간은 5시간도 되지 않는다.

진짜 공부는 배운 것을 기억에서 꺼내고 서로 연결시키는 것이다. 새로 배우는 것을 이미 알고 있던 것에 연결시켜서 기억하며 공부하는 것이다. 바로 자기주도학습이다. 셀프 테스트, 메타인지 판단 같은 학습법이다. 그런데 우리 아이들은 내가 얼마만큼 모르는지, 혹은 알고 있다는 느낌과 실제로 알고 있는 것 사이의 차이를 확인해 볼 시간과 기회가 거의 없다. 그래서 아이들은 알고 있다는 느낌만 가지고 계속 앞으로 달려 나가기만 할 뿐이다.

세상에는 2가지의 지식이 있다. 첫 번째는 내가 설명할 수 없는 지식이고, 두 번째는 내가 설명할 수 있는 지식이다. 그런데 첫 번째는 지식이 아니다. 알고 있다는 느낌만 가지고 있을 뿐이다. 기억력·연산능력·이해력 같은 인지 능력보다 더 중요한 것은, 내가 얼마만큼 알고 있는지를 인식하는 메타인지 능력이다. 자신의 실제 능력 혹은 실제로 아는 양과 그 양에 대한 자기 느낌 혹은 판단 사이에 존재하는 괴리, 이 사이에 존재하는 격차를 자주 경험해 보지 않으면 메타인지 능력은 길러지지 않는다.

메타인지를 향상시키기 위해서는 지난 시간에 배운 내용을 머릿속으로 떠올려 보는 자기주도학습이 필요하다. 기억을 꺼내려고 시도해서 성공하면 나중에 다시 기억하는 데 큰 도움이 된다. 성공하지 못하더라도 꺼내려는 노력을 시도한 것이므로 배운 내용을 그냥 읽는 것보다는 낫다. 올바른 답을 다시 확인하면 장기기억으로 보낼 수 있기 때문이다.

컴퓨터는 아무 관련이 없는 정보들을 무질서하게 저장해 놓아도 전부 다 기억한다. 그러나 사람은 새로 들어온 정보를 전부터 알고 있는 정보와 연결시키는 방법으로 기억한다. 연결되는 지점이 많을수록 기억은 더 강해진다. 나중에 기억을 다시 꺼낼 때도 연결이 필요하다. 이처럼 기억을 꺼내는 노력은 우리 뇌 속에 저장된 다양한 지식의 연결을 더욱 단단하게 만들어 준다.

앞으로 우리 아이들이 살아가야 할 시대는 평생 직장이 점점 사라질 것이다. 살아가면서 몇 번은 직장이나 직업을 바꿔야 한다. 그때마다 아이들은 새로운 것을 배워야 할 것이다. 아이들에게 메타인지 학습법을 익히게 하는 것은 평생 들고 다닐 수 있는 연장통을 선물해 주는 것과 같다. 지금 당장 좋은 대학에 보내는 것보다 더 중요하다.

메타인지는
정보를 인출할 때 작동한다

앞에서 공부를 잘하고 못하고를 결정하는 차이는 메타인지 능력의 차이라고 이야기했다. 뇌에서 메타인지가 작동하기 시작하면 자신의 뇌를 무섭게 바꿔 가기 시작한다. 작동하기 시작한 메타인지는 자신의 생각을 철저히 점검하고 통제한다. 메타인지는 그 속성상 자신의 뇌 속에 저장된 기억부터 꺼내서 분석하기 시작하는데, 이것이 기억의 '인출'이다. 자신의 기억을 인출해서 자신이 할 수 있는 것과 할 수 없는 것을 철저히 따져 되새겨 보는 성찰과 반추가 시작되는 것이다. 그리고 자신이 할 수 없는 것, 잘 모르는 것부터 냉철하게 판단하여 할 수 있는 전략과 알 수 있는 방법을 결정해 명령을 내린다. 이것이 메타인지가 우리 몸과 마음의 강력한 지배력이자 참된 권력인 이유다.

공부를 할수록 이전에 습득했던 정보나 기억을 꺼내는 노력을 더 자주 하게 된다. 기억은 자주 꺼내야만 오랫동안 기억할 수 있다. 그래서 공부는 넣는 일보다 꺼내는 일이 몇 배 더 중요하다. 그렇다면 기억 꺼내기가 왜 효과적일까?

기억에서 뭔가 꺼내려면 뇌의 신경회로망에서 기억의 '흔적'과 관련된 것을 찾아서 연결해야 한다. 그렇지 않으면 꺼낼 수가 없다. 때때로 우리가 어떤 상황을 기억하지 못하는 이유는 기억의 흔적이 없어서가 아니라 기억을 연결하지 못하기 때문이다. 기억 꺼내기, 즉 기억의 인출과 회상에 대한 노력이 중요한 이유가 바로 이것이다. 기억을 꺼내는 노력은 여러 가지 정보와 지식 사이의 연결을 한층 더 단단하게 만들어 준다. 연결이 단단해진다는 것은 그만큼 장기기억으로 저장된다는 뜻이다.

그러면 지금부터 기억을 꺼내어 메타인지를 작동시키는 방법을 알아보겠다.

첫째, 자문자답(즉문즉답)으로 되새김한다.

자문자답은 마음속으로 자기 자신과 대화하는 것을 말한다. 인지심리학에서는 배운 것을 몇 분 동안 되새기면서 스스로 질문하는 것을 '반추反芻, reflection'라고 한다. 예를 들면 등하교 시 길을 걸으면서 그날 배운 내용을 떠올려 서로 연결 짓다 보면 이전에 습득된 정보와 융합되어 새로운 깨달음이 반드시 온다. 어제와 오늘 수업 시간표를 떠올려 보면서 어제 배운 내용과 오늘 배울 내용을 생각하는 것만으로도 기억의 배 이상이 남는다. 기억을 꺼내려는 시도가 성공하면 그 기억은 이후에도 쉽게 다시 기억할 수 있다. 혹 성공하지 못하더라도 꺼내려는 노력을 한 것은 배운 내용을 수동적인 자세로 또 읽는 것보다 훨씬 효과가 크다. 기억의 되새김질은 그 자체로 유용하다.

하지만 초등학생 수준에서 자문자답 방식으로 자기주도학습을 한다는 것은 쉽지 않은 일이다. 보통 인지발달 과정에서 초등 3~4학년 정도가 돼야 공부라는 맥락 안에서 기본적인 메타인지 능력이 발휘되기 때문이다. 따라서 초등학생에게는 부모나 교사의 질문을 기반으로 한 '즉문즉답即問即答'의 방법이 유용할 것이라고 본다.

즉문즉답의 메타인지 학습법으로 공부하면 똑같은 시간을 공부해도 5배 이상의 효과가 있다고 한다. 먼저 질문을 받고 대답하는 과정에서 자신의 생각에 대한 생각을 반복하면서 관련 개념을 언어적으로 표현하기 위해 더 많은 노력을 하게 된다. 이를 통해 자신이 모르거나 착각한 부분에 대해서 지속적으로 모니터링하여 스스로 부족한 부분을 찾아 공부할 수 있기 때문이다. 아이들에게 질문을 받고 대답하는 즉문즉답의 기술을 일찍 익히게 하는 것은 공부에서 아주 중요하다고 볼 수 있다.

즉문즉답을 통해 어느 정도 수학 개념과 원리가 이해된 상태에서는 '즉해즉설即解即說', 즉 이해한 것을 바로 말하게 하는 방법이 매우 좋다. 말을 잃어 버리는 그 순간부터 생각도 잃어 버린다. 말이 곧 생각인 것이다. 아이들은 자신의 생각을 말로 표현함으로써 자신이 정말 알고 있는지 아니면 모르는지, 또는 잘못 알고 있는지를 정확하게 판단할 수 있다.

둘째, 셀프 테스트 역시 기억을 꺼내는 역할을 한다.

다큐멘터리 〈전교 1등은 알고 있는 공부에 대한 공부〉에서 세인트루이스 워싱턴 대학교의 헨리 로디거Henry Roediger 교수팀이 밝혀낸 궁극의 공부법을 소개한 적이 있다.

인지과학자들은 지난 수십 년 동안 오래 기억하는 공부법을 연구해 왔다. 그리고 비교적 최근에야 몇 가지를 찾아냈다. 연구팀은 학생들에게 한 장짜리 과학 지문을 나눠 준 후 7분 동안 외우도록 했다. 북태평양에 사는 '해달'이라는 동물에 대한 내용이었다. 같은 시각 옆반 학생들도 같은 내용을 공부했다. 그리고 5분씩 쉬도록 한 다음 한 반은 똑같은 지문을 7분 동안 다시 외우도록 했고, 또 다른 반은 외웠던 것을 떠올려 종이에 써보도록 하였다. 즉 공부 - 공부 팀과 공부 - 시험 팀의 대결이다. 그리고 다시 5분 후 진짜 시험을 봤다. 어느 쪽 점수가 잘 나왔을까? 학생들 대부분이 시험과 시험 사이에 한 번 더 공부할 수 있는 기회가 있어야 효과가 있다고 생각했다. 채점을 해 보앉더니 공부 – 공부 팀은 평균 61점이 나왔고, 공부 – 시험 팀은 평균 55점이 나왔다. 역시 두 번 공부한 것이 나은 걸까?

일주일 후 같은 시험을 다시 한번 보게 했다. 일주일 뒤에 또 시험을 볼 거라고는 생각도 못했던 학생들. 생각이 잘 안 난다는 표정이다. 점수는 어떻게 나왔을까? 놀랍게도 일주일 사이에 점수는 역전되었다. 평균 61점이었던 공부 – 공부 팀의 일주일 뒤 시험 결과는 45점으로 떨어졌다. 외운 내용이 단기기억에 머물러 있다가 점점 사라진 것이다. 반면 55점이었던 공부 – 시험 팀의 일주일 뒤 시험 결과는 53점으로 일주일 뒤에도 까먹은 내용이 별로 없었다. 외운 것이 장기기억으로 넘어간 것이다. 도대체 어떻게 된 걸까?

연구팀은 배운 걸 기억해서 꺼내는 노력을 많이 할수록 장기기억으로 저장된다는 증거들을 찾아냈다. 배운 것을 자신이 직접 기억에서 꺼내는 공부법이 더 효과가 좋다는 것이다. 기억에서 꺼내려고 노력해야 배운 것이 장기기억으로 저장된다.

만약 내일 시험이라면 점수를 잘 받는 제일 좋은 방법은 오늘 교재를 반복해서 읽는 것이지만, 문제는 무엇을 공부하든 2주나 한 달 후면 모두 잊어 버리게 된다는 것이다. 당장 시험은 잘 볼 수 있을지 모르지만 장기적인 학습에는 도움이 안 된다. 우리 뇌는 굉장히 큰 용량을 갖고 있지만 살아가는 시간이 길기 때문에 필요 없는 것은 굳이 담아두지 않는다. 그렇다면 그 필요를 어떻게 판단할까?

뇌는 우리가 그 정보와 지식을 얼마나 자주 쓰느냐로 판단한다. 정보를 '자주 쓴다'는 것은 뇌로 하여금 '이 정보는 한 달 후 혹은 일 년 후에도 필요하겠구나.'라고 판단하게 만든다. 따라서 자주 꺼내는 것은 많이 집어넣는 것보다 훨씬 더 좋은 저장 방법이다. 셀프 테스트가 좋은 공부법인 이유는 기억을 꺼내려는 노력 때문이다.

그러나 단순 문제 풀이식 학습은 셀프 테스트와는 다르다. 필자가 절대 피해야 한다고 강조하는 문제 풀이는 메타인지 학습법에서 말하는 셀프 테스트와는 근본적으로 다르다. 단순 문제 풀이식 학습은 도구적 이해를 바탕으로 암기한 공식이나 법칙에 대입해 문제 풀이 기술만 숙달하는 공부법이다. 반면 셀프 테스트는 단순 반복의 문제 풀이가 아니라 자문자답, 즉문즉답, 즉해즉설과 같은 앎에 대한 되새김이다. 학습한 내용을 기억에서 꺼내 나의 앎의 상태와 잘못 알고 있는 개념을 스스로 파악해 학습을 더 효율적으로 만들기 위한 수단으로 활용하는 것이다.

실제로 국내외 많은 연구에서 반복적 내용 읽기로 복습하는 스터디 그룹과 테스트로 되새김하는 테스트 그룹의 성취도를 비교해 보았다. 그 결과 1시간 이내의 즉시 시험에서는 스터디 그룹이 높은 점수를 보였지만, 며칠이나 몇 주, 몇 달 후까지 장기적으로 갈수록 테스트 그룹이 스터디 그룹보다 더 높은 점수를 보이고, 그 차이도 점점 더 크게 벌어진다는 결과를 수없이 입증하고 있다. 이것을 '테스트 효과testing effect'라고 한다. 테스트에서 모르거나 실수로 오답을 적더라도 적절한 피드백을 제공하면 오히려 장기기억으로 저장되는 긍정적인 효과를 가져다준다는 것이다.

하브루타로
메타인지를 작동시켜라

전 세계 인구 중 유대인이 차지하는 비율은 0.2%에 불과하지만, 노벨상 수상자의 40%가 유대인이다. 또한 정치·경제·사회·문화의 모든 분야에서 유대인은 변화를 이끌며 큰 영향력을 행사하고 있다. 아인슈타인, 스티븐 스필버그Steven Spielberg, 마크 주커버그Mark Elliot Zuckerberg 등 뛰어난 인물들을 배출할 수 있었던 그들의 교육법에 우리나라 사람들이 관심을 갖는 것은 어찌 보면 당연한 일이 아닐까 싶다. 그렇다면 세상을 움직이는 유대인들의 우수성은 어떻게 형성된 것일까?

유대인 교육법의 핵심적 특징은 '하브루타'이다. 문자적 의미는 '우정' '동료' 등을 뜻하는데, 현대의 사용법에서 하부르타는 '학습 파트너'로 정의된다. 나이·계급·성별에 관계없이 두 명이 짝을 지어 서로 논쟁을 통해 진리를 찾는 것으로, 친구들과 함께 질문과 토론·논쟁·대화 등을 이어 가는 교육법이다. 토론과 논쟁을 중시하는 탈무드식 대화법에 바탕을 두고 있다.

하브루타의 핵심에는 질문과 토론이 있다. 질문과 토론을 통한 양방향 학습법으로, 이때 부모나 교사, 멘토 혼자만 떠들고 아이는 듣기만 하는 상황이라면 소용이 없다. 부모와 아이가 서로 활발하게 대화를 주고받을수록 교육 효과는 커진다. 토론을 통해 승자를 가리는 것이 아니라 아이로 하여금 더욱 깊게 사고하는 방법을 배우게 하는 것이 궁극적인 목적이다.

몇 년 전 취업을 위한 하나의 관문으로 자리매김한 듯한 대학의 현실에 냉정하게 문제 제기를 하면서 우리 교육의 씁쓸한 실상에 경종을 울린 〈왜 우리는 대학에 가는가〉라는 다큐멘터리가 방영된 적이 있다. 방송 내용 중에 한국 대학생들을 대상으로 조용한 공부방과 말하는 공부방에 대한 실험을 진행했다. 조용히 앉아서 공부하는 그룹과 서로 말하면서 공부하는 그룹으로 나누었다. 그렇게 3시간 동안 세계사 시험 공부를 하고 시험을 치렀는데, 결과는 확연히 차이가 났다.

단답형 문제 중심 시험의 평균성적은 말하는 공부방이 조용한 공부방보다 2배 이상 높게 나왔다. 수능형 문제와 서술형 문제에서도 말하는 공부방의 점수가 훨씬 높게 나왔다. 그 이유에 대해 한 심리학과 교수는 다음과 같은 의견을 남겼다.

"이른바 메타인지라고 하는 것이 있습니다. 우리가 일반적으로 하는 생각들을 인지라고 부릅니다. 그런데 이 인지를 바라보고 있는 또 다른 눈이 있습니다. 이걸 메타인지라고 하지요. 어떻게 하면 메타인지를 상승시킬 수 있을까? 바로 '설명'에 그 해답이 있습니다. 설명을 해 보면 내가 아는 것과 모르는 것의 구분이 명확해지고, 내가 알고 있는 지식들이 인과관계, 즉 원인과 결과의 관계를 그리면서 정리가 됩니다."

다음 자료는 교수-학습 방법에 따른 24시간 후의 기억률을 나타내는 학습 효율성 피라미드이다.

· 학습 효율성 피라미드 ·

강의 듣기	5%
읽기	10%
시청각 수업 듣기	20%
시범 강의 보기	30%
집단 토의	50%
실제 해 보기	70%
서로 설명하기	90%

24시간 후 평균기억률
출처 : NTL(National Training Laboratories)

위 정보의 내용으로 보면 '다른 사람을 가르치기' 또는 '다른 사람에게 설명하기'의 기억률이 90%로 제일 높다. 말하는 공부인 서로 설명하기(서로 가르치기)는 듣는 공부와 읽는 공부보다 학습 효율성이 무려 18~9배의 차이가 난다. 이 자료를 통해서 우리는 공부에 대한 패러다임을 바꾸어야 한다는 사실을 깨닫는다. 듣기·읽기·보기 학습은 주로 정보를 입력하는 행위이고, 토의·서로 설명하고 가르치기는 기억을 꺼내는 행위이다. 기억을 꺼낼 때 메타인지가 작동하는 것이다.

메타인지 학습법의
실제 적용 방법

같은 자리에서 같은 내용을 같은 시간 동안 공부했는데 어떤 학생은 80%를 기억하고, 어떤 학생은 30%밖에 기억하지 못하는 이유는, 장기기억으로 저장된 것이 많은 학생은 새로운 지식이 들어오면 기존 지식과 연결해 융합할 수 있는 것이 많기 때문이다. 그래서 새로운 지식을 훨씬 쉽고 빠르게 기억할 수 있다. 반면 장기기억으로 저장된 것이 적으면 새로운 것을 배워도 연결시킬 곳이 적다. 마치 밑천이 적으면 열심히 장사를 해도 남는 것이 적은 것과 마찬가지이다. 인지의 세계는 빈익빈 부익부가 통한다.

지금 우리나라는 마치 머리에 많이 집어넣기 경쟁을 벌이는 것 같다. 아이들은 배운 것을 되새길 여유는 갖지 못한 채 계속 집어넣기만 하고 있다. 진짜 공부는 배운 것을 기억에서 자주 꺼내고 이를 새로운 지식과 연결시키는 것이다. 수학 공부 또한 하루 종일 책상에 앉아 100문제를 푸는 것보다 교실과 같이 열린 공간에서 친구들과 함께 문제 풀이법에 대해 토론하며 10개의 문제를 푸는 것이 아이의 수학 실력을 더 키워 줄 수 있다. 메타인지 학습법을 활용하는 아이들은 학교 공부뿐만 아니라 도전하는 그 어떤 일도 잘할 가능성이 높다.

그럼 메타인지 학습법을 어떻게 적용시킬 수 있는지 몇 가지를 알아보자.

셀프 테스트를 자주 하고, 오답노트를 작성하라

기억 꺼내기의 효과적인 방법이라고 강조한 셀프 테스트는 문제 풀이다. 그러나 단순 문제 풀이식 학습과는 근본적으로 다르다. 필자가 잘못되었다고 지적한 문제 풀이는 암기한 공식이나 법칙에 대입해 문제 풀이 기술만 숙달하는 풀이법을 말하는 것이다.

반면 셀프 테스트는 자문자답, 즉문즉답, 즉해즉설과 같은 앎에 대한 되새김이다. 수학 단원의 한 부분을 유레카 수학으로 학습했다면 그 단원과 관련된 문제를 놓고 셀프 테스트를 해본다. 이때 단순한 문제는 과감히 건너뛰고 자신의 수준에서 한 단계 정도 높은, 도전할 만한 문제를 몇 개 풀어 본다. 이때 주의할 것은 비슷한 문제를 여러 개 풀 필요는 없다.

만약 문제집을 푼다면 식이나 답을 문제집에 기록하지 말고 연습장에 따로 푼다. 셀프 테스트를 끝낸 후에 해답으로 그 모든 과정을 비교해 본다. 풀지 못한 문제는 반드시 오답노트에 기록하거나 문제집에 표시해 둔다. 중학교 때 수학 점수가 낮았던 학생이 고등학교에 올라가서 오답노트 학습을 시작한 후 전교 1등까지 하는 사례를 보았다. 오답노트에는 알면서 틀린 문제인지, 몰라서 틀렸는지, 모르는데도 맞힌 것인지 표시하는 것이 중요하다. 문제의 요구사항을 이해 못해서 틀린 것인지, 개념이 부족해서인지, 아니면 수학적인 능력이 부족한 것인지 여러 가지 방법과 이유를 오답노트에 작성을 해두면 공부한 후에 자신의 약점을 명확히 알게 되기 때문이다.

셀프 테스트를 하다 보면 처음에 풀리지 않았던 문제가 며칠 후에는 잘 풀리는 경우가 많은데, 유레카 수학은 스스로 개념을 이해하고 다른 개념으로 확장시켜 나가기에 그렇다. 몇 번을 강조하지만 암기한 공식이나 법칙에 대입해 문제 풀이 기술만 숙달하는 단순 반복의 문제 풀이는 절대 금해야 한다.

간단한 시선 돌리기로 메타인지를 높여라

시선 돌리기 같은 간단한 훈련으로도 메타인지를 높일 수 있다. 흔히 우리는 질문을 받으면 대답하기 전에 시선을 잠시 다른 곳으로 돌리며 생각을 정리하는 시간을 갖는다. 이 방법은 머릿속의 엉킨 생각들을 정리해 주고, 저장된 장기기억을 불러오는 기능을 하기도 한다. 또한 나아가 눈을 감고 생각하면 시야에 아무것도 없게 만들어 머릿속을 청소해 준다. 영국 스털링 대학교의 연구 결과 시선 돌리기를 한 학생은 훈련을 하지 않는 학생보다 수학 점수가 2배 이상 높았다고 한다. 시선 돌리기는 생각이 더 잘되고 깊게 오래 하는 방법이기 때문이다.

초등 수학에서는 간단한 사칙연산의 암산부터 훈련을 시작해 보자. 아이들이 수학 문제를 풀 때 깊이 생각할 수 있도록 시선 돌리기 훈련을 해본다. 시선 돌리기 훈련이 익숙해지면 분수나 소수에서도 활용 가능하고, 나중에는 복잡한 암산도 더 빠르게 가능하다.

자문자답으로 메타인지를 높여라

고등학교 1학년 겨울방학에 〈EBS 장학퀴즈〉에 출연하여 퀴즈제왕의 자리에 오른 신요섭 학생은 전국모의고사 전 영역 1등급, 전국 상위 0.18% 안에 든 최상위권 학생이다. 신요섭 군의 공부 비법은 바로 자신이 선생님이 되는 것이었다.

신요섭 군은 어릴 때부터 부모님이나 친구들에게 퀴즈를 내거나 가르치는 것을 좋아했다. 그때의 경험이 긍정적인 영향을 주어 혼자 공부하는 상황에서도 옆에 누가 있다고 상상하며 그들을 가르치는 방법으로 공부했다고 한다. 스스로 자문자답을 한 것이다. 이 방법을 통해 자기가 알고 있는 것과 모르는 것을 객관적으로 알게 되었고, 효율적으로 공부할 수 있었다고 한다.

자문자답은 특히 수학 공부를 할 때 도움이 된다. 유레카 수학으로 깨달은 개념이나 풀이법을 마치 누군가에게 가르치듯 말로 풀어내면 훨씬 정리가 잘된다. 이는 메타인지를 높이는 방법이기도 하다.

코넬 노트 방법으로 복습하라

학원도 없는 일본 북부의 작은 마을 아키타 현의 히가시 초등학교가 일본에서 43년 만에 실시한 전국학력평가에서 2007, 2008년 연속 1위를 차지해 주목을 끌었는데, 그 비결은 매일 꾸준히 복습 노트를 기록한 덕분이었다. 복습 노트는 학교에서 배운 내용을 머릿속에서 정리해 자기 언어로 표현해 기록하는 것이다. 어떤 내용을 자기 언어로 표현할 수 있다는 것은 그 내용을 충분히 이해하고 납득했다는 증거다. 바로 코넬 노트 방식으로 기록한 것이다.

코넬 노트는 1950년대에 미국 코넬 대학교 월터 포크Walter Pauk 교수가 코넬 대학교 학생들의 학습 효과를 높이기 위해 개발한 것으로, 세계적으로 널리 알려져 지금은 전 세계 많은 학생들이 사용하고 있다. 코넬 노트 작성이 처음에는 힘들고 번거로울 수도 있지만 자꾸 하다 보면 수업에 더 집중하게 되고, 핵심 단어와 내용을 정리하면서 학습 내용을 구조화하여 이해력과 논리력도 기를 수 있다.

코넬 노트 정리

2018년 ( )월 ( )일 ( )요일

오늘 공부한 내용을 정리해 봅시다.
◆과목명 :
◆단원명 :

핵심 단어	내용 정리	나의 생각
요약		

이를 수학 학습에 적용하면 그날 학교에서 학습한 내용과 문제들을 기억에서 꺼내 공책에 기록한다. 이때 학교에서 학습한 방법이 아닌 자기만의 방법으로 문제를 해결하면 자기주도학습력을 높일 수 있다. 그렇게 기록한 내용을 자문자답식으로 표현해 보거나 부모님 앞에서 설명해 보는 것은 더욱 좋은 방법이다.

'기억 회상하기'로 기억을 꺼내라

'기억 회상하기'는 수업 후에 학습한 내용을 회상해 보는 것이다. 집에 가는 길이나 쉬는 시간 등 시간 설정은 자유롭다. 따로 시간을 내기가 힘든 상황이라면 수업이 끝난 직후나 수업 시작 바로 전, 혹은 하교하는 길이나 등교길의 짧은 시간이라도 학습 내용을 회상하고 이를 간단하게 요약 정리하는 정도여도 충분하다. 주말에는 시간적으로 여유를 갖고 일주일 분량을 회상한 후 간단히 기록해 보자. 그리고 한 달 후에, 혹은 시험 보기 전에 같은 방법으로 실시한다.

이 방법은 유레카 수학에서도 활용하는 매우 좋은 방법이다. 수학 학습에서는 머릿속으로 수업 내용을 떠올리면서 문제를 풀어 본다. 그러면 전두엽에서 뉴런들이 활발히 작동하여 매우 좋은 효과를 얻을 수 있다. 때때로 수업 중 교사의 농담이나 몸짓까지 떠올리는 학생들이 있는데 함께 연상되는 기억은 많을수록 좋다. 그것과 연상되어 다른 학습 내용도 떠올릴 수 있기 때문이다.

가르치고 설명하기(질문하기)로 메타인지를 상승시켜라

서로 가르치기와 설명하기는 메타인지를 작동시키는 가장 강력한 방법이다. 문제해결능력을 키우고 창의성을 높이는 데 가장 적합한 토론 과정에서 기억을 꺼내어 지식을 논리화하는 것은 내가 아는 것과 모르는 것을 확인할 수 있어 전략적으로 좋은 공부 방법이다.

학생 중심의 자유로운 토론과 발표 학습으로 수업을 진행해 보면 아이들의 수학적 의사소통 역량을 키워 서술형 평가에도 대비할 수 있다. 아이들은 친구나 선생님과의 대화를 통해 자신이 미처 생각하지 못했던 풀이 방법을 접하기도 하는데, 이때 수학에 더 큰 흥미를 갖고 문제해결에 파고든다.

필자는 수업 시간에 4명을 1개 조로 편성하여 멘토와 멘티 제도를 운영하였다. 아이들은 또래 아이들과 서로 배우고 가르치는 것을 좋아한다. 이때 4명의 팀은 성적으로 이질집단을 만들면 좋다. 최상위권, 최하위권, 중상위권, 중하위권 4명을 한 팀으로 구성하여 최상위권 학생이 최하위권 학생을, 중상위권 학생이 중하위권 학생을 가르쳐 주면서 책임을 분담하는 것이다.

가정에서는 아이가 학교에서 학습한 내용을 부모에게 설명하게 한다. 어려워하는 초등 저학년의 경우에는 부모가 '왜 그럴까?'라는 질문을 던지며 한 가지씩 학습 기억을 꺼낼 수 있도록 도와준다. 부모가 질문을 던졌을 때 아이는 그 개념에 대해 다시 한번 생각하게 되고, 기억을 꺼내어 설명함으로써 진짜 내 것으로 만들 수 있다. 저학년 때부터 유레카 수학과 메타인지 학습법을 훈련해 나간다면 고학년에 이르러 큰 효과를 볼 수 있을 것이다.

피드백으로 메타인지를 끌어올려라

테스트 효과를 극대화하려면 적절한 피드백이 주어져야 한다. 실제한 실험에 따르면 일회성 테스트나 정답을 맞힐 때까지 진행하는 누적형 테스트보다는 첫 번째 응답이 맞으면 거기서 멈추고 틀린 경우에는 두 번째 문제를 제시해 맞으면 멈추고, 틀리더라도 정답과 피드백을 제시하여 마무리하는 맞춤형 테스트가 훨씬 효과적이라고 한다. 이것을 '피드백feedback 효과'라고 하는데, 우리말로 '되먹임'이다.

실제로 테스트 직후 정답과 해법을 즉각 제시하는 일회성 테스트는 스스로 답을 구하려는 노력을 하지 않게 되어 수동적인 태도를 만든다. 또한 누적형 테스트는 실패가 계속해서 쌓이면 오히려 좌절감에 빠질 수 있어서 더욱 경계해야 한다. 학원에서 이루어지는, 모르면 알 때까지 풀게 한다는 반복적인 문제 풀이 학습법도 역효과를 초래한다는 뜻이다.

반면 맞춤형 테스트는 스스로 답을 찾아가는 자각 효과로 이어져 장기기억으로 저장되는 데 긍정적인 영향을 미칠 뿐만 아니라, 한 번의 실패 뒤에 오는 성공은 자신감과 성취감을 더욱 높여 주는 효과를 발휘한다. 피드백의 제시 방식에서도 응답 확신 정도에 따라 정상적인 반응을 했을 때는 문제 전체를 다 푼 후에 피드백을 제시하고, 실수나 추측에 의한 왜곡된 반응을 한 문항은 응답 즉시 바로 피드백하는 것이 훨씬 효과적이다.

이때 테스트는 소단원이나 유형별로 나눠서 별도로 하는 것보다 유형이나 단원, 영역에 상관없이 섞어서 하는 것이 향후 장기기억으로 저장하는 데 훨씬 효과적이다. 시중의 수학 교재들이 제시하는 유형별 문제 풀이 학습은 그리 효과적인 방법이 아니라는 말이다. 테스트를 통한 학습은 굳이 단답형이나 서술형이 아니고 선다형이라도 효과는 두드러진다. 다만 선다형 테스트는 피드백이 처리되지 않으면 부정적 효과가 나타날 수 있다.

테스트와 피드백이 가장 좋은 효과를 볼 수 있는 방법은 수행평가 형식으로, 배운 것을 스스로 재구성해 서술해 보는 것, 배운 것을 자신의 기억에서 꺼내서 스스로 문제를 만들어 보는 것, 마인드맵이나 컨닝 페이퍼를 작성해 보는 것 등이 있다. 더 큰 효과를 보려면 새로운 문제에 대해 자신만의 해법을 만들어 보는 것이다. 답을 회상하는 것이 아니라 생성한다는 뜻이다. 이를 '생성generation 효과'라고 한다.

학습에서 생성이란 배운 내용을 자기만의 언어로 바꾸어 표현해 보거나, 문제해결을 위해 다른 해법을 탐구해 가는 것을 말한다. 이는 '시행착오 효과'와 일맥상통한다. 해법을 배우지 않고 문제를 풀려면 실수와 실패가 뒤따를 수밖에 없기 때문이다.

또 전문가를 가르치는 형식으로 피드백을 받는 것도 좋다. 즉, 학생들에게 교사나 강사를 가르치게 하는 것이다. 이 방법의 장점은 교사나 강사의 날카로운 질문이 가능하다는 것이다. 유레카 수학으로 문제를 해결하고 난 후에는 반드시 논리 정연하게 노트에 기록하고, 이를 바탕으로 친구나 부모님, 교사를 가르치게 한다면 최고의 수학 학습법이라 할 수 있다.

유레카 수학과 메타인지 학습법은
상호작용한다

스위스 심리학자인 피아제Jean Piaget는 "아동의 지식 획득 과정은 외부에서 제공되는 지식을 수동적으로 받아들이는 것이 아니라, 자신이 가지고 있는 기존의 인지 구조를 바탕으로 외부 대상을 능동적으로 변형하고 재구성해 나가는 과정"이라고 하였다.

학습을 통해 배우고 익히는 새로운 정보나 개념은 카메라로 사진을 찍듯이 그대로 복제되어 습득되는 것이 아니라, 기존의 지식을 토대로 의미를 재구성해 자신의 기억 속에 저장하는 것이다. 다시 어떤 문제 상황에 닥치면 저장된 개념들을 꺼내어 연결함으로써 문제를 해결한다.

초등 수학의 곱셈 도입 단원에서, 덧셈의 개념을 기반으로 곱셈의 개념으로 발전할 수 있도록 깨우치는 과정이 어렵고 힘들다 할

지라도, 그것을 포기해 버리면 더 이상의 깨달음을 기대할 수 없다. 무無에서 유有를 창조할 수 없듯이, 곱셈 사고는 덧셈 사고로부터 만들어진다. 그런데 아직 구체적 조작기에 있는 초등학생이 추상·추론 같은 고도의 사고력으로 이러한 개념들을 스스로 깨닫는 것은 한계가 있을 수밖에 없다. 그래서 문제해결을 위해 구체적으로 직관할 수 있는 활동과 경험을 통해 깨닫도록 해야 한다. 중요한 것은 아이들 스스로 깨달음을 위한 생각을 할 수 있도록 해야 한다는 것이다. 그 방법으로 가장 효과적인 것이 앞에서도 언급한 유레카 수학을 통해 질문하는 것이다.

생각의 틀을 만드는 질문의 기본은 생각할 기회를 주는 것이다. '생각거리'를 질문해야 아이들은 생각 모드로 들어간다. "이게 맞지. 그러니까 이렇게 생각하는 거야."라고 하면 아이는 암기 모드를 작동시킨다. "몇 개일까?" 이것은 정답을 묻는 질문이다. "다른 방법 없을까?" "왜 그렇게 생각해?" "어떻게 하면 풀릴까?" 등 아이에게 생각거리를 주는 물음이 필요하다. 이것이 질문의 본질이다.

개념의 연결성이 수학을 재미있게 하고 실력을 향상시키며, 수학의 깊이를 알게 한다. 유레카 수학을 통해서 이루어지는 개념의 연결성은 메타인지 학습법을 통해서 더욱 견고해진다. 그 과정에 대해서 살펴보자.

수학 지식과 개념은 서로 연결되어 있다. 이것을 수학 지식의 위계성·계통성·연계성이라고 한다. 수학 지식은 주개념을 중심으로 선개념·후개념·짝개념·보개념·부개념 등으로 연결되어 구조화된다. 예를 들면 주개념이 공약수라면 선개념은 약수, 후개념은 최대공약수, 짝개념은 공배수, 보개념은 소인수분해가 된다. 그리고 최대공약수를 주개념으로 두면 마찬가지의 연결 구조에 의해 선개념은 공약수, 보개념은 소인수분해, 부개념으로 서로소가 연결되는 것이다. 이러한 개념들이 학습을 통해 머릿속으로 들어와 이미지를 형성하고 구성될 때 비로소 살아 있는 지식이 될 수 있다.

개념을 이해한다는 것은 개념의 정의·성질·범위·정리·공식·규칙을 이해한다는 것이고, 이는 곧 여러 개념의 연합으로도 이어지면서 개념의 이해 수준이 높아질수록 더 견고하고 풍성해진다는 뜻이된다. 우리가 문제를 해결하기 위해서는 개념 간의 관계를 유추하는 것이 우선인데, 이를 통해 개념 간의 연결망이 다양해지고 견고해지면서 더 큰 개념으로 확장되는 것이다. 문제해결 과정에서 때로는 다른 주제나 영역까지 더 큰 범주의 개념으로 확장되기도 한다. 이 모든 것이 학습을 통한 참된 이해의 획득 과정이자 학습된 지식이 장기기억으로 공고화되는 과정이다.

시험에 출제되는 수학 문제들도 당연히 여러 개념들이 연계된 문제 상황으로 제시된다. 낱개로 인식하고 있는 하나하나의 수학 개념은 문제해결에 큰 도움이 되지 않는다. 유레카 수학을 통해 머릿속에 형성된 개념의 연결망에 녹아 있는 단서들을 탐색하여 파악할 수 있어야 문제를 제대로 해결할 수 있다.

어떤 문제 상황이 제시되면 자신이 가지고 있는 기억 중에서 제시된 문제에서 요구하는 내용과 관련성이 있는 지식을 인출하여 연결함으로써 문제의 맥락이 무엇인지 이해하고 분석하는 것부터 시작한다. 이를 바탕으로 그 해결책을 탐색하고 풀이 계획을 수립하여 실행함으로써 최종적인 답을 얻게 된다. 또한 그 관련성이 분명하지 않을 때는 기존의 지식들을 계속 회상해 새로운 연결망을 구성하여 해결책을 고안해 낸다. 이 과정에서 기존 개념에 덧붙여지거나 수정·보완되면서 좀 더 확장된 개념들이 형성되기도 한다. 때로는 이미 가지고 있는 하나의 개념에 선개념·후개념·짝개념·보개념·부개념 등이 다시 연결되어 덧붙으면서 더 큰 범주의 개념으로 확장되기도 한다. 이것은 깊은 생각과 집중력으로 얻어진 직관력과 기억을 인출하여 개념들을 연결하는 메타인지 학습법의 상호작용으로, 가장 탁월한 학습 효과로 나타난다.

유레카 수학의 직관력을 통한 문제해결과 메타인지의 학습 과정을 통해서 수학 지식과 개념들이 연결되고 확장되면서 뇌의 신경회로망이 더욱 활성화되는 놀라운 학습법이다. 궁극적으로는 성취목표 지향의 완전학습을 달성할 수 있도록 설계된 학습 모델이다. 따라서

'개념을 이해하는 것'과 '문제를 해결하는 것'은 메타인지 학습을 통해서 완전학습으로 가게 된다.

메타인지 학습법을 통해 개념들이 머릿속에서 구조화되어 새로운 개념들을 형성하고, 잘못된 개념의 진단과 처방을 통해 한층 더 완전하고 공고한 형태로 구조화하여 장기기억으로 저장한다. 기존의 지식과 새로운 지식을 연결하여 확장된 지식으로 재구성하면서 오류 탐지와 교정의 과정을 거치고 보다 융합된 개념으로 확장해 나간다. 이 방법이 최적의 학습을 촉진하는 공부법이다. 이 과정에서 유레카 수학과 메타인지 학습법이 함께 작동된다.

제5장

유레카 수학을 위한
학습 전략

초등학생을 위한
학습 전략

첫째, 점수에 초월하라.

초등학교 과정은 수학의 힘을 기르기 위한 중요한 시기이다. 수학적 감각·사고력·직관력·창의성을 기르기 위해서 성적은 중요하지 않다. 당장 성적이 낮다고 해서 불안해하거나 걱정할 필요도 없다. 아이의 수학 성적이 낮으면 많은 부모들이 여기저기 사교육 시장을 기웃거리기도 하는데, 진짜 실력은 가장 어렵다고 하는 고등학교 수학에서 드러난다. 그때 웃는 자가 진짜 승리하는 자다.

수학을 싫어하고 싶은 아이는 없을 것이라고 필자는 생각한다. 점수가 떨어지다 보니 흥미를 잃은 것뿐이지 처음부터 수학을 싫어하지는 않았다. 그런 만큼 가장 먼저 할 일은 점수에 대한 미련을 버리는 일이다. 연산을 강조하는 부모일수록 점수에 연연한다. "연산을

소홀히 하면 나중에 큰일 난다." "수능 볼 때 문제를 다 못 푼다."며
아이를 닦달하는 부모도 적지 않다. 그러나 이는 사실이 아니다. 수
능은 연산으로 푸는 것이 아니다. 개념을 얼마나 깊이 있게 이해하느
냐가 관건이다. 부모가 점수에 민감하면 아이가 집중력 있는 공부 습
관을 갖기 어렵다. 수학 점수가 잘 나오지 않는 아이라면 "이건 네 능
력이 부족한 게 아니라 수학에 대한 이해가 늦어서일 뿐이야."라고
아이를 안심시키고, 아이 스스로 자신만의 학습법을 찾아낼 수 있게
끔 도와주면 된다.

둘째, 진도를 초월하라.

초등학교 과정은 진도가 중요하지 않다. 아이의 수준에 맞는 것부터
시작하면 된다. 4학년이지만 수준에 맞는 공부를 하기 위해 3학년 수
학을 해도 상관없다. 중요한 것은 수학을 통해서 문제해결능력을 키
우는 것이다. 이 부분에 가장 취약한 것이 일일 학습지나 주간 학습
지이다. 학습지는 정기적으로 계속 쏟아져 나오기 때문에 한번 밀리
기 시작하면 걷잡을 수 없다. 이때 부모는 아이를 압박하여 무리하게
날짜에 맞추어 끌고 가려 한다. 그러면 아이는 아이대로 힘들고 부모
는 부모대로 스트레스가 쌓인다. 아이는 수학이 점점 싫어지고 결국
에는 수포자가 되고 만다.

　학습지에서 벗어나자. 수학적 사고력과 직관력이 자라면 원래 학

년의 진도는 물론이고 더 심화된 문제도 거뜬히 도전할 수 있다. 지금 당장의 진도 때문에 무리하게 아이를 사교육으로 내몰면 안 된다. 선행학습보다는 현재 학년의 심화 문제를 다루어서 생각하는 힘을 키우는 것이 더 중요하다. 섣부르게 선행학습을 해 봐야 그냥 먼저 수학 지식을 아는 것 그 이상도, 그 이하도 아니다.

셋째, 사교육 업체의 상술에 휘둘리지 마라.

사교육업체는 살아남기 위해서 온갖 수단과 방법으로 부모들에게 교육에 대한 불안과 두려움을 주입시킨다. 어떻게 해서든지 사교육을 받게 만든다. 특히 매스컴을 이용하여 부모들의 불안감을 부추기며 떠들어대고 있다. 우리나라에 이렇게 많은 사교육이 있는데 왜 수포자가 75%나 양산되고 있는지를 생각해 보면 답은 명확할 것이다.

넷째, 억지로 공부로 내몰지 마라.

수학을 잘하기 위해서 가장 중요한 것은 수학에 대한 관심과 흥미이다. 아이가 수학 공부에 즐거움을 느낀다면 게임은 끝이다. 그러기 위해서는 아이들을 억지로 수학 공부로 내몰면 안 된다. 초등학생 때부터 수학이 싫다는 경험을 하게 되면 회복하기가 쉽지 않다.

수학 공부의 재미를 극대화하기 위해서는 역시 유레카 수학이다. 스스로의 힘으로 문제를 풀었을 때의 성취감을 자주 경험할수록 아이는 수학을 좋아하게 되고, 당연히 수학을 잘하게 된다. 유레카 수학은 그 누구의 강요나 가르침 없이 스스로의 힘으로 개념을 이해해 나가므로 도전정신과 탐구심을 불러일으킬 수 있다. 때때로 아이가 어려워할 때는 포기하지 않도록 격려하고, 도전하는 수학의 즐거움을 유지할 수 있도록 도와주면 된다.

다섯째, 초등학교는 체험 수학이 중요하다.

입시와는 여유를 두고 있는 초등학교 과정에서는 수학을 담을 수 있는 그릇의 크기를 키워 주는 것이 중요하다. 수학의 다양한 개념들을 듣고 보고 느낄 수 있도록 해야 한다. 도형 단원이라면 삼각형의 정의를 가르치기보다는 직접 그리고 만들면서 무엇을 삼각형이라고 하는지, 삼각형의 특징은 무엇인지 스스로 깨닫고 느낄 수 있어야 한다. 초등학생의 수학 교육에 교구 활용이 강조되는 것도 이 때문이다.

시중에는 체험을 통해 수학 원리를 깨우칠 수 있는 각종 수학 교구가 많다. 교구를 활용한 학습은 눈으로 보고, 직접 만지며 수학의 원리를 이해할 수 있어 수학을 어려워하는 아이들한테 좋은 학습 방법이다. 아이들에게 재미를 줄 뿐만 아니라, 수학 교육의 바탕이 되는 감각 능력·적용 능력·추상화 능력·추론 능력 등을 다각적으로 키울 수 있다.

여섯째, 유레카 수학 훈련을 부지런히 하자.

초등학교 교육과정은 입시로부터 자유롭다는 것이 가장 큰 이점이다. 그래서 아이들과 여유를 가지고 유레카 수학을 훈련할 수 있는 시기이다. 우선 아이들이 문제를 대할 때 해답을 절대 보지 않고 스스로 풀어 보게 한다. 이 시기는 10분 이상 집중력을 유지하기 어렵기 때문에 몰입을 강조하기보다는 스스로 문제를 풀어서 생기는 즐거움과 성취감에 초점을 두면 좋다. 처음에는 쉬운 문제를 통하여 자신감을 키우고, 천천히 수준을 높여 나간다.

학습에는 자발성이 매우 중요하다. 억지로 시켜서 하는 공부는 집중력을 약화시켜서 결국은 흥미를 잃게 하고 수포자가 될 가능성이 높다. 아이들의 내적 동기를 자극하는 것은 편안하고 안정된 감정이다. 이러한 감정은 가족과의 관계에 의해 좌우된다. 따라서 아이들의 집중력을 높이는 가장 좋은 방법은 가족의 건강한 유대관계와 친밀감을 유지하는 것이다.

아이의 개인적 성향이나 상황에 따라 집중할 수 있는 시간과 강도는 다르다. 부모는 성적이나 학습량 등으로 걱정하지 말고, 아이의 상황을 그대로 인정해 주면서 격려하고, 작은 것에도 칭찬을 아끼지 않는다. 에디슨의 어머니는 학교 수업에 적응하지 못하고 자퇴한 에디슨을 포기하지 않았고, 격려와 칭찬으로 재능을 찾아 나가도록 이끌어 위대한 발명가로 키워 냈다.

유레카 수학의 원칙은 '절대로 가르치지 말라!'이다. 아이가 스스로 답을 찾아갈 수 있도록 질문하고 경청하고 칭찬하고 격려하라. 작은 수학 개념부터 쉬운 문제, 어려운 문제까지 이 원칙은 잊지 않기를 바란다.

초등 고학년으로 올라가면서 조금씩 집중 시간을 늘려 간다. 가능하면 아이가 중간에 포기하지 않고 스스로의 힘으로 성과를 이루어 내는 경험을 많이 쌓을 수 있도록 해 준다. 진정한 수학 실력은 중학교, 고등학교 때 드러난다. 초등학생 때는 부모의 인내와 배려가 무엇보다 필요한 때임을 잊지 말자.

일곱째, 문제의 난이도 조절이 필요하다.

유레카 수학은 집중과 몰입을 통한 직관적인 깨달음과 수학적 상상력을 통해 얻은 통찰력으로 문제의 단서를 발견하여 문제를 해결하는 것이다. 몰입 상태로 들어가기 위해서는 자신의 능력과 과제의 난이도가 적절한 균형을 이루어야 한다. 분명한 목표와 즉각적인 피드백이 주어지더라도 너무 쉬운 과제는 몰입하기 어렵고, 너무 어려운 과제는 흥미를 잃게 하거나 포기하게 만들기 쉽다. 개인이 지닌 최고의 수준을 발휘했을 때 적절한 도움이나 피드백을 받으면서 해결할 수 있는 도전 과제가 가장 몰입하기에 좋다. 즉, 어느 정도 압박이 느껴질 정도의 수준이어야 한눈을 팔지 못하고 매 순간 그 과제에 주의를 기울이고 집중할 수 있다. 이것을 앞에서는 '풀 수 있을 것 같은 문제 상황'이라고 했다.

매사추세츠 공대 학습기억연구소의 얼 밀러Earl Miller 교수팀은 원숭이 실험을 통해 "실패한 행동은 뇌세포에 전혀 또는 거의 변화를 주지 못하고 성공한 행동만이 뇌세포에 변화를 일으킨다는 사실을 발견했다."고 밝혔다. 얼 밀러 교수는 원숭이에게 서로 대조되는 2가지 영상을 보여 주면서 시선이 오른쪽과 왼쪽 영상 중 어느 쪽으로 가느냐에 따라 먹이를 주면서 뇌의 활동을 관찰했다. 그 결과 올바른 선택을 한 직후에만 신경세포가 정보를 보다 선명하고 효과적으로 처리했고, 그다음 번에도 올바른 선택을 한 것으로 나타났다. 그러나 잘못된 선택으로 먹이를 얻어먹지 못했을 때는 뇌의 정보처리 활동과 원숭이의 선택은 개선되지 않았다. 이는 성공한 행동만이 뇌세포에 변화를 일으킨다는 사실을 보여 주는 것이라고 연구진은 밝혔다.

이 연구 결과가 말하는 것은 아이들에게 풀 수 없을 정도의 어려운 문제가 아니라, 풀 수 있을 것 같은 문제를 제시해야 한다는 것을 반증한다. '실패에서 배운다'는 말의 본디 뜻은 실패를 방치하면 포기하게 되니, 실패하지 않도록 적절한 도움을 제공해 아이 스스로 성공의 경험을 만들어 가도록 해야 한다는 말이다. 무엇보다 실패를 절대 꾸짖지 말라는 것을 강조함이었다.

몰입은 쉽지 않지만, 아주 버겁지도 않은 과제를 해결하기 위해 자신의 실력을 온통 쏟아부을 때 나타나는 현상이다. 이때 어른에게는 자신의 노력이 우선일지 모르지만, 아이들의 경우에는 맞춤형의 과제가 몰입에 더 효과적이라는 것을 강조해 둔다. 특히 아이들은 10분 이상 집중력을 유지하기 어려운 상태가 일반적이기 때문에, 아이의 일상에서 긍정적인 생각을 품을 수 있도록 하는 것 자체가 공부의 마음가짐으로 올곧게 자리 잡는 비결이다.

초등학교 학년별 학습 전략

창의적인 사고력의 장점은 시간이 흘러도 쉽게 사라지지 않는다는 것이다. 의식되지 않은 채 우리 몸에 배어서 필요할 때 실력을 발휘하도록 도와준다. 내신 때문에 중간고사와 기말고사에서 좋은 성적을 거두어야 하는 고등학교 3학년이라면 몰라도 초등학생은 당장의 점수에 연연하지 말고 창의적인 사고력를 키우는 학습을 권한다. 그래야 진정한 실력을 키울 수 있고, 시간이 지날수록 문제해결능력이 향상될 것이다.

초등 저학년

첫째, 수학은 게임이고 놀이라고 생각케 하며, 자연스럽게 일상생활에서 접할 수 있는 도구를 가지고 놀면서 접근한다.

예컨대 숫자를 처음 배울 때나 가장 간단한 한 자릿수 덧셈과 뺄셈을 배울 때에도 구슬이나 과일, 콩 같은 일상생활에서 접할 수 있는 것을 가지고 시작하면 좋다. 아이들에게 필요한 것은 즐겁고 편안한 학습 경험이기 때문이다. 그리고 질문을 하면 된다. "이 구슬은 몇 개지?" "강아지는 몇 마리지?" 아이가 "3개입니다."라고 대답하면 "동물은 '개'가 아니고 '마리'라는 단위를 사용한단다."라고 말해 주면 된다.

보통 아이들에게 여러 개의 구슬을 보여 주면서 "몇 개지?"라고 물으면 "많이 있어요."라고 대답한다. 부모는 하나씩 세어 보라고 하면서 십의 자리 숫자에서 백의 자리 숫자로 개념을 확장시켜 나간다. 덧셈이나 뺄셈을 배울 때도 도구나 그림을 이용해 이미지로 이해할 수 있도록 돕는다.

초등 저학년 시기에는 숫자든 연산이든 실제로 만지고 그리면서 익히면 좋다. 특히 도형을 공부할 때는 그림을 그리고, 만들고, 가위로 오리기도 하면서 몸으로 학습하는 것이 좋다. 감각적으로 체득한 개념은 초등 고학년에 이르러 추상적인 개념을 이해하는 데 매우 유용하다. 이때는 머릿속에서 이미지를 상상해 낼 수 있다면 금상첨화이다. 수학 문제나 개념을 이미지화하는 훈련은 중학교나 고등학교에서 고차원적인 도형과 기하학을 배울 때 엄청난 위력을 발휘한다.

둘째, 수학 개념을 처음 접할 때가 중요하다.

처음 연산을 접할 때는 무조건 계산부터 시작하지 말고 원리를 발견할 수 있도록 한다. 예를 들면 3＋9＝12는 아는데 3＋ □ ＝12에서 □는 얼마가 되는지 모르면 덧셈의 개념과 원리를 이해하지 못하고 있는 것이다. 수학에서 개념을 이해했다는 것은 문제 유형이 바뀌더라도 풀 수 있다는 것이다. 연산 연습은 개념을 확실히 이해한 다음에 하면 된다. 연산 연습도 비슷한 수준을 너무 많이 하는 것보다 한 단계 높은 수준의 문제를 제시하면 도전정신도 생기고 성취감도 올라간다.

수학 학습에 대한 흥미와 자신감을 얻었다면 이제는 아이와 약간 떨어져서 가끔씩 체크만 해 주면 아이는 스스로 수학 개념을 확장해 나간다. 과제 체크하는 시간을 점차적으로 늘려 간다. 학습에 대한 부담이 크지 않은 저학년 시기에 자기주도학습이 자리 잡는다면 이보다 더 큰 성과는 없다.

초등 고학년

초등 고학년이 되면 수학 교과과정에도 추상적인 개념이 많이 등장한다. 그럴수록 개념이나 문제 풀이 과정을 그림이나 이미지로 표현해 낼 수 있도록 하고, 나아가 머릿속으로 상상하여 문제를 해결할 수 있도록 이끌어 주는 것이 좋다.

이때부터 본격적으로 유레카 수학을 훈련하는 시기이다. 유레카 수학의 사고 과정이 익숙하지 않다 해도 너무 쉬운 문제보다는 수준에서 한 단계 높은 문제에 도전해 나간다. 어려운 문제를 스스로 해결했을 때의 통쾌함과 성취감을 경험할 때이고, 유레카 수학을 통하여 수학적 사고력과 문제해결능력, 창의력을 본격적으로 계발할 시기이다.

문제가 풀리지 않는다고 아이가 도움을 요청했을 때 부모가 직접 개입하거나 무조건 해답을 들여다보면 안 된다. 초기에는 5~10분 동안 생각할 시간을 주고, 그래도 진전이 없으면 부모가 질문을 통하여 단서를 발견할 수 있도록 이끌어 준다. 조금씩 훈련이 되면 난이도를 더 높여 가면서 생각에 집중하는 시간도 10분에서 20분, 30분, 1시간 정도로 늘려 간다. 아이가 힘들어하는 모습을 보일 수도 있지만, 그동안 느꼈던 문제해결의 성취감을 떠올리게 해 준다면 좋은 자극이 될 것이다.

유레카 수학에는 2가지 기쁨이 있다.

첫 번째는 발견 혹은 감동의 기쁨이다. 다시 말해 새로운 문제를 해결하면 이를 통해 새로운 세계를 만나고 새로운 의미를 알게 되는 기쁨이 있다. 이런 기쁨은 아이들에게 큰 내적 동기를 불러일으킨다. 아이들이 그런 순간을 많이 경험하여 배움에 대한 흥미를 놓지 않게 하는 것이 유레카 수학의 궁극적인 목표이다.

두 번째는 숙달되어 가는 기쁨이다. 못하던 것을 할 수 있게 되었을 때의 기쁨을 말한다. 공부 잘하는 아이치고 공부하기 싫어하는 아이는 없다. 성취감을 맛보았기 때문이다. 초등학생 때 이런 훈련이 이루어진다면 중학생, 고등학생이 되어 추상적이고 난이도 높은 수학을 만나더라도 자기주도학습으로 해결해 나갈 것이다.

중·고등학생을 위한
학습 전략

점수에 연연하지 말고 창의적인 사고력에 집중한다

유레카 수학은 암기 위주의 학습을 최소화하고 이해 위주, 사고 위주의 학습을 지향하는 것이다. 유레카 수학은 수험생에게도 절대 불리하지 않다. 대부분의 시험 문제, 특히 수능 문제는 공식을 암기하여 풀 수 있는 문제보다는 훨씬 수준이 높기 때문이다. 창의적인 사고력을 키워 온 학생은 수능 시험이나 논술형, 면접 시험에도 유리하다. 또한 미래 사회에서 만나게 될 여러 난제들을 해결하는 인재가 될 것이다.

유레카 수학의 장점은 결국 답을 찾지 못하더라도 그 문제에 대하여 10분 정도 몰입하여 생각하는 것 자체만으로도 교육 효과를 불러온다는 것이다. 아이들은 문제를 풀기 위해 10분 동안 이렇게 생각해 보고, 저렇게 생각해 보며 열심히 두뇌를 움직인다. 사고력은 문제를 해결했을 때만 발달하는 것이 아니라, 오히려 실패하고 또 다른 방법을 강구해 나가는 순간 한 단계 더 성장한다. 문제의 답을 찾는 것과 상관없이 몰입하여 사고활동의 시간을 늘려 나가는 것이 유레카 수학이다. 집중적인 사고활동을 반복하다 보면, 두뇌가 단련되어 점차 긴 시간 집중적인 사고를 할 수 있는 기반이 다져진다. 어느 순간 전보다 난이도 있는 문제가 주어져도 더 짧은 시간에 문제를 해결해 낸다. 꾸준한 사고활동으로 축적되었던 지식들이 계속 융합을 이루기 때문이다.

그동안 문제 풀이식 학습에만 익숙해져 있던 학생들에게 집중력 높은 사고활동을 필요로 하는 유레카 수학은 부담이 될 수 있다. 처음부터 모든 과정에 유레카 수학을 적용하기보다는 아이가 수학 개념을 완전히 이해하고 있는 단원의 심화 문제부터 접근해 점차 그 범위를 확대해 나가면 좋을 것이다.

집중할 수 있도록 절실한 목표를 세운다

통산 1000승을 달성, 일본 바둑 최강의 자리를 지키고 있는 조치훈 바둑 기사는 경기에 임하는 자세를 이야기하며 "나는 바둑 한 수에 목숨을 건다. 이럴 때 최고의 성과가 나온다."라고 말했다. 절실한 목표가 얼마나 큰 힘을 발휘하는지 보여 주는 말이다.

살면서 한 번은 인생을 좌우하는 시험을 앞둘 때가 있다. 1분 1초도 쉬지 않고 전념하며, 자나 깨나 어디에 있든지 시험 공부와 관련된 읽기·말하기·듣기·생각하기 등에 집중해 본 경험이 있을 것이다. 이때 뉴런의 시냅스는 매우 활성화되어 시험 보기 하루 전에는 공부의 효율성이 급격하게 올라간다. 문제해결능력과 암기 능력까지 상승된 듯 평소 4시간 이상 걸리던 공부가 1시간 만에 마무리된다. 이것이 바로 '마감 효과'라는 것이다.

마감 효과가 발휘되면 집중력이 증가하고 잡생각이 사라져서 창의적인 활동을 하는 작가들은 작업 효율이 상승해 소재와 아이디어가 솟아나는 효과가 있다고 한다. 대표적인 예로 러시아의 장편소설 『죄와 벌』이 작가 도스토예프스키Fyodor Mikhailovich Dostoevskii가 출판사로부터 원고 마감 시간에 임박하여 독촉을 받고 급하게 쓴 작품이라고 한다.

일본 응용생물학계 무라카미 카즈오Murakami Kazuo 교수는 저서 『유전자 혁명』에서 우리의 뇌세포는 150억 개가 존재하지만 그 중 몇 퍼센트만 사용된다고 말했다. 모든 유전자는 ON/OFF의 기능이 있는데, 실제로 작동하는 유전자는 10%에 불과하고 나머지 90%는 잠들어 있다는 것이다. 이 잠재력을 깨울 때 우리는 학습 및 연구에서 큰 효과를 볼 수 있다. 잠들어 있는 유전자가 ON이 된다면 큰 위력을 발휘할 것이다.

간절한 목표를 갖되 스트레스를 받지 말고 그 상황 자체를 즐긴다면 감정의 유전자와 함께 지식의 유전자, 지능의 유전자가 모두 깨어난다. 당면한 문제에 적극적인 관심을 갖고 자나 깨나 생각하다 보면 갑자기 문제가 해결될 수 있는 단서들이 샘솟듯 나온다. 이때 기분은 최고의 상태가 된다. 모든 유전자가 깨어 활성화되어 있는 상태이다. 이런 상태로 계속 수학 공부를 하면 해결할 수 없는 문제는 더 이상 없다. 공부하는 학생으로서 가장 행복한 학창 시절이 되는 것이다.

중학교 학습 전략

중학교에 올라오면 갑자기 수학이 어려워진다. 초등학생 때 80~90점을 맞던 아이가 중학교에 올라가서는 평균 40~50점을 맞기도 한다. 이때 부모는 충격을 받고 당황해하면서, 불안한 마음에 아이를 잡기 시작한다. 학원을 보내고 과외를 시킨다. 집에서도 억압적으로 공부를 시킨다. 그렇지 않아도 어려워진 수학으로 인해 스트레스를 받고 있던 아이는 수학이 더 싫어지고 결국 수포자가 된다.

필자는 이러한 상황에 놓인 학부모들을 만날 때마다 결코 늦지 않았다고 이야기한다. 초등학생 때 문제 풀이 위주로 공부를 해 왔던 학생들도 중학생 때부터 유레카 수학을 시작해도 얼마든지 가능하며, 진짜 승부는 고3이라는 말을 자주 한다. 부모가 먼저 심리적인 안정을 찾아야 아이와 함께 유레카 수학을 시작할 수 있기 때문이다.

유레카 수학을 시작하면 진도가 좀 늦더라도 신경 쓸 필요가 없다. 중요한 것은 개념을 발견하고 문제를 해결하는 힘이다. 처음에는 몰입이 쉽지 않더라도 포기하지 않는다. 유레카 수학의 핵심은 많은 문제를 푸는 데 있지 않다. 많은 문제를 푸는 데 시간을 쓰기보다는 한 문제에 더 많은 시간을 할애하여 집중력을 높이고 성취감을 줄 수 있는 것이 유레카 수학이다. 쉬운 문제를 스스로의 힘으로 풀어 냈다면, 같은 수준의 문제를 반복해서 풀지 말고 바로 다음 단계의 문제에 도전한다. 그렇게 점차 난이도를 높여 나간다. 이러한 과정을 반복하다 보면 어느 순간 개념이 이해되고, 나아가 다음 단계의 개념까지도 스스로 터득해 낸다. 유레카 수학의 정수는 선행학습보다 심화 문제를 통해서 직관력과 창의성, 문제해결능력을 높이는 데 있다.

고등학교 학습 전략

고등학교에서 유레카 수학을 적용하는 것은 쉽지 않다. 오랜 시간 문제 풀이 위주로 학습해 오던 습관을 깨기가 쉽지 않기 때문이다. 더구나 수능도 앞두고 있는 상황에서 다른 과목의 학습량도 많기에, 유레카 수학에 시간을 쏟으려면 많은 노력이 필요하다.

1학년이라면 먼저 중학교 도형 단원의 심화 문제를 유레카 수학으로 접근하면서 직관력을 통해 문제를 해결하는 연습을 시작한다. 문제 풀이에 고착화된 두뇌를 깨우기 위해서다. 중학교 도형 문제를 통하여 수학적 두뇌가 활성화되면 고등학교 수학도 유레카 수학으로 하나씩 정복할 수 있다.

그런데 큰 입시를 앞두고 있다 보니 어려운 문제를 해결할 때 아무리 생각해도 진전이 전혀 없으면 마음이 조급해지고, 오히려 자신감을 잃는 등 부정적인 감정이 생긴다. 그래서 답답해하며 절망하기도 한다. 이 고비를 넘어야 빛을 볼 수 있다. 때로는 시간이 오래 걸릴 수도 있는데, 이때 부모의 인내심과 격려가 필요하다.

어려운 고비를 넘겨서 계속 집중력을 유지해 문제를 풀다 보면 시간의 흐름을 완전히 잊을 때도 있다. 유레카 수학에 한참 빠지면 온통 풀어야 할 수학 문제만을 생각하기 때문에 옆에서 말을 걸어도 집중해서 듣지 못한다. TV가 켜져 있어도 이미 생각이 깊이 들어가 있기 때문에 별 문제가 되지 않는다. 머리가 맑아지면서 끊임없이 아이디어가 쏟아져서 도저히 공부를 놓을 수가 없는 상황에 이른다. 두뇌에 화학반응이 일어나서 고난이도 문제를 술술 풀어 내는 것이다.

온라인 강의를 유레카 수학으로 공부하는 법

최근에는 온라인 강의나 동영상을 보면서 공부하는 아이들이 많다. 그런데 온라인 강의에 유레카 수학을 적용하는 것은 쉽지 않다. 유레카 수학은 시간의 구애를 받지 않고 문제 풀이에 집중할 수 있어야 하고, 막히면 부모나 교사의 질문을 통해 실마리를 얻는 피드백이 함께 이루어야져야 하는데 일방적으로 듣기만 하는 온라인 강의는 이러한 체험을 하기 어렵기 때문이다. 대안이 없는 것은 아니다.

온라인 강의를 보기 전 그 시간에 학습할 내용을 유레카 수학으로 먼저 학습해 보는 것이다. 새로운 개념에는 반드시 이전 개념이 존재하므로 이것은 반드시 학습하고 진행해야 한다. 최대공약수에 대한 개념이 나온다면 약수 · 배수 · 공약수 · 합성수 · 서로소 등의 여러 개념들과 연결되어 있다. 또 새로운 개념에서 공식이 나온다면 그 공식을 스스로 유도해 보는 것도 매우 중요하다. 공식을 유도해 내지 못했더라도 충분히 고민하고 생각했던 시간이 있었기에 온라인 강의를 보면서 힌트를 얻을 수 있다.

예제 문제를 풀 때도 먼저 풀어 보고 난 후 동영상을 보면서 피드백을 받으면 훨씬 효과적으로 학습할 수 있다. 관련된 문제를 모두 풀려 하지 말고, 도전해 볼 만한 문제를 선택하여 유레카 수학으로 접근해 풀어 보고 동영상으로 확인하면 학습 시간도 줄일 수 있다. 여기서 주의할 점은, 문제를 푸는 방법에는 여러 가지가 있는데, 온라인 강의에서는 여러 방법이 나오지 않는다는 것이다. 강의 피드백을 받기 위해서 묻고 답하는 게시판이 있는데, 여기에 본인의 풀이 방법을 올려서 피드백을 받으면 좋다.

앞에서도 많이 강조했지만 설명을 듣거나 문제 풀이 과정을 보고 이해하게 된 지식은 문제해결능력을 기르는 데 거의 효과가 없다. 단한 문제를 풀더라도 집중력 높은 사고활동을 통해 풀어 내야 직관력과 창의적인 사고력, 문제해결능력이 길러진다. 그러기 위해서는 반드시 유레카 수학으로 해야 한다.

유레카 수학을 위한
학습 코칭

부모가 일방적으로 가르치고 공부를 강요할수록 아이는 스스로 해 보려는 마음을 잃어 간다. 아이들은 오히려 가르치지 않을 때 더 많이 배우고 성장한다. 이때 필요한 것은 부모와 자녀의 상호작용이다. 아이가 반응을 보일 때 부모 역시 적절한 반응을 보여 주면 된다. 이러한 반응육아법은 미국 교육부 연구를 통해 우수성이 검증된 영유아 교육 프로그램으로, 아이가 활동을 주도하고 부모는 그에 따라 적절하게 반응하며 상호작용할 때 아이의 인지력·의사소통력·사회적 능력·정서적 능력 등이 자란다는 이론이다.

반응육아법을 개발한 미국 케이스 웨스턴 리저브 대학교의 마호니Gerald Mahoney 박사는 아이의 발달 잠재력을 극대화하는 데 가장 큰 영향을 미치는 것은 부모가 일상 속에서 아이와 함께하는 경험들이라고 말한다. 특히 아이를 배려하며 기다려 주고, 적절하게 반응하면서 아이의 행동을 지지하는 상호작용이 중요하다는 것이다. 한마디로 행복한 아이로 키우는 비결은 부모의 상호작용에 있었다.

방법은 어렵지 않다. 놀이와 행동의 주도권은 아이에게, 아이가 한마디할 때 엄마도 한마디만, 긍정적인 언어로 대화하는 것 등 몇 가지 원칙을 지키는 것부터 시작해 보자.

집에서는 부모와 하브루타 학습법

앞서 이야기한 메타인지 학습법은 아이가 학습한 내용을 집에서 부모 혹은 타인에게 설명하고 가르쳐 보게 하는 것이다. 간혹 본인도 수학이 어려워서 아이를 가르칠 수 없어 걱정이라는 학부모를 만나는데, 부모가 아이의 학습 내용을 잘 모르더라도 얼마든지 코칭이 가능하다. 메타인지 학습법은 아이에게 수학을 가르치는 것이 아니라, 아이가 설명하는 것을 들어 주면서 그 이유는 무엇인지 질문하면 되기 때문이다.

먼저 학습한 수학 개념 혹은 풀어 낸 문제를 부모에게 설명하도록 한다. 이때 부모의 역할은 질문이다. 아이가 본인도 잘 이해하지 못한 상태에서 대충 설명하는 듯싶을 때는 "왜 그런데?" "어떻게 그렇게 되지?" "이유는 뭘까?" "그 부분을 다시 설명해 볼래?" 등의 질문을 하면 된다. 이때 아이가 설명을 잘 못한다고 핀잔을 주거나 혼을

내면 다시는 부모 앞에서 설명하지 않게 된다. 이럴 때는 "갑자기 생각이 나지 않는가 보구나. 다시 한번 천천히 생각해 봐." "살짝 책을 봐도 좋아. 같이 찾아 볼까?" "시간은 충분하니까 천천히 생각해 봐." 등의 피드백을 해 준다.

처음부터 부모 앞에서 설명하는 것을 힘들어하는 아이는 문제를 푼 내용을 보면서 설명해도 괜찮다. 얼굴을 마주 보는 것조차 부담스럽다면 아이와 나란히 앉아 문제 푼 내용을 살피면서 부분마다 어떻게 풀었는지 설명하게 한다.

대부분의 아이들이 처음에는 공식을 이용해서 문제를 풀기 때문에 개념을 확실하게 이해하지 못하는 경우가 많다. 부모는 질문을 통하여 아이가 개념을 확실히 이해할 수 있도록 코칭한다. 이때 절대 가르치면 안 된다. "이렇게 하면 되잖아. 엄마가 푸는 것을 잘 보라고!" 부모가 가르치게 되면 수학 실력은커녕 아이와의 관계는 더 나빠진다. 부모가 아이를 가르치기 위해서 수학을 공부하게 된다면 그것은 차라리 모르는 편이 훨씬 좋다. 부모가 수학을 공부하는 이유는 아이를 가르치기 위함이 아니라, 더 나은 질문을 통해서 아이의 사고력을 키우기 위한 것이어야 한다.

부모의 무한 신뢰가 인재를 만든다

인간은 누구나 실수를 하고 실패를 겪는다. 어른도 그러한데 아이들은 오죽하겠는가. 훌륭한 부모라면 아이의 실수나 실패에 화를 내지 말고, 이를 창의적인 생각을 발견할 수 있는 기회로 만들어야 한다. 아이의 실수 뒤에는 어른도 생각하지 못한 기발한 상상력과 아이디어가 숨어 있을 수 있다. 그것을 발견하도록 가르치는 것이 진정한 교육이다.

아이들은 실수와 실패를 통해 더 많이 배운다. 그런데 정답만 찾는 교육은 실수와 실패를 용납하지 않는다. 이런 환경에서 아이들은 실패를 두려워하게 되고, 실패가 두려워지는 순간 아이들의 창의적인 두뇌는 굳어 버린다. "또 틀렸어! 왜 이걸 못해!"라는 말을 자주 들으면 자신도 모르게 자신감을 잃게 되고, 수학에 대한 불안감이 커지면서 실수를 더 자주 하고, 결국은 실패로 점철되는 악순환에 빠질 수밖에 없다. 부모의 그릇된 말 한마디가 아이의 생각을 닫고 아물지 않는 상처를 남길 수도 있다는 것을 명심하자.

중요한 것은 어려운 문제를 풀기 위해서 끊임없이 도전하고 노력하는 자세이다. 아이의 실수와 실패에 너그러울수록 아이들의 생각은 유연해지고 자유로워진다. 그럼 어떻게 하면 아이의 실수나 실패가 오히려 생각을 여는 기회로 연결될 수 있을까? 그 해법은 '발문'에 있다.

발문이란 철학자 소크라테스의 문답법이라고 생각하면 된다. 그래서 발문은 질문과는 다르다. 질문은 모르는 사람이 알기 위해 아는 사람에게 행한 물음이다. 반면 발문은 아는 사람이 모르는 사람에게 던져 여러 방면으로 생각케 하고, 몰랐던 것을 알게 하고자 하는 물음이다. 학생들의 사고활동을 촉진시키고 문제해결로 안내하고 보조하는 물음이다. 교육학자들은 발문을 고도의 교수법이라고 말한다. 우리 아이들의 소크라테스는 부모이다. 소크라테스식 발문법에 기초한 개방형 질문을 통해 아이 스스로 생각하는 힘을 키울 수 있도록 돕는 것이 부모의 역할이다.

우리가 세계적인 천재라고 칭송하는 아인슈타인, 에디슨, 처칠의 어린 시절에는 공통점이 하나 있다. 모두 공부를 못하는 아이였다는 사실이다.

금세기 최고의 과학자 아인슈타인은 네 살 무렵까지 말을 제대로 못했는데, 가장 먼저 배운 단어가 '왜'였다고 한다. 그의 아버지는 아인슈타인이 여덟 살까지 저능아인 줄 알고 절망했지만, 그의 어머니만은 포기하지 않았다. 아인슈타인의 초등학교 때 성적표에는 이렇게 적혀 있었다. "이 학생은 장차 어떤 일을 해도 성공할 수 없을 것으로 판단된다." 이를 본 아인슈타인의 어머니는 어린 아인슈타인에게 이렇게 말했다. "너는 남과 아주 다른 특별한 능력을 가지고 있단다. 남과 같아서야 어떻게 성공하겠니?" 후에 아인슈타인은 이런 말을 한다. "똑같은 일을 비슷한 방법으로 계속하면서 나아질 것을 기대하는 것만큼 어리석은 일은 없다.” 아인슈타인은 ‘왜’라는 물음을 시작으로 ‘남다른 생각’을 하면서 세계에서 가장 뛰어난 창의력을 갖게 되었던 것이다.

발명왕 에디슨은 초등학교 시절 알을 품어 병아리를 부화시키려 하는 등 엉뚱한 행동을 많이 해서 당시 매우 보수적이었던 담당 교사는 더 이상 감당하지 못하고 초등학교 3학년 때 그를 퇴학시켰다. 그러자 교사 자격증을 가지고 있었던 에디슨의 어머니는 스스로 선생님이 되어 고전 읽기를 통해 상상하고 생각하는 법을 가르쳤다고 한다. 에디슨이 실험을 좋아한다는 사실을 알고 창고에 온갖 실험기구들을 갖춰 주고 ‘에디슨 연구소’라는 이름까지 지어 주었다. 에디슨은 “그 창고는 내 삶의 시작이었다.”고 회상했는데, 끊임없이 ‘생각을 연결하는 탐구’로 새로운 발견과 발명을 창조할 수 있었던 밑바탕이 되어 주었다.

세계 현대사의 흐름을 바꾼 영국의 수상 윈스턴 처칠Winston Churchill은 노벨 문학상도 받았고, 제2차 세계대전을 승리로 이끄는 데 큰 역할을 하였다. 항상 유머와 위트가 넘치면서도 청중을 휘어잡는 명연설가로 영국인들이 가장 존경하는 위대한 정치인 중 한 사람인 처칠의 어린 시절은 그야말로 초라했다. 말도 더듬고 외모도 왜소해 공작인 그의 아버지에게는 관심 밖에 난 아들이었고, 학교에서는 친구들에게 항상 놀림을 받았다. 보잘것없던 처칠을 바꾼 것은 그의 어머니였다. 언제나 "너는 할 수 있다!"며 자신감과 긍정의 자세를 심어 주었던 것이다. 처칠은 하버드 대학교 졸업식 연설에서 단 세 마디를 했다. "포기하지 마라! 포기하지 마라! 절대로 포기하지 마라!"

1966년 미국 존스홉킨스 대학교의 제임스 콜먼James Coleman 교수는 〈무엇이 우리 아이의 성적을 결정하는가 : 콜먼의 교육기회 균등에 대한 연구〉라는 보고서를 발표했다. 학생 60만 명과 교사 6만 명 그리고 이들이 속한 학교 4천 개를 광범위하고 폭넓게 연구하였다. 그 결과 교육정책이나 학교 시설, 교육과정, 교사의 질보다 학생의 가정환경과 친한 친구의 가정환경이 학업성취도에 더 큰 영향을 미친다는 결과를 내놓았다. 가족 간 끈끈한 정서적 유대감이 심리적 안정감을 주어 학업성취도에 영향을 준다는 것이다.

우리나라도 다르지 않았다. 한 신문사에서 '전교 1등을 만드는 힘은 무엇일까?'라는 주제로 전교 1등 18명의 학생들을 대상으로 다양한 생활습관을 조사하여 기획 기사를 실었다(중앙일보, 2016년). 스스로 세운 공부 계획은 꼭 지킨다는 자기 관리가 철저한 학생부터 둥글둥글한 성격에 공부가 좀 느슨한 학생, 공부보다 피아노 연주를 더 좋아하는 학생, 심지어 아이돌 팬 활동이 중요한 일과인 학생까지 전교 1등의 모습은 각양각색이었다. 그런데 이 모든 학생에게서 전교 1등을 만든 공통분모를 발견할 수 있었다. 바로 부모와의 화목한 관계였다. 18명의 전교 1등에게서 가족 간 끈끈한 유대감이 발견됐다.

부모와 얼마나 가까운지를 1(매우 소원)~5(매우 친함)까지 선택하게 했더니, 3명만 4를 선택했을 뿐 나머지 15명 모두 최고점 5를 골랐다. 부모에게 똑같은 질문(자녀와 얼마나 가까운가)을 던진 결과 부모가 느끼는 친밀도는 더 높았다. 2명만 4를 선택하고 나머지 16명이 5를 택했다. 또 대상자 18명 모두 "부모와 대화하는 게 어렵거나 꺼려지지 않는다."며 "부모님은 항상 믿고 응원해 주는 든든한 후원자"라고 입을 모았다. 이들은 부모를 귀찮은 간섭자가 아닌 고민을 함께 나눌 수 있는 친구로 인식했다.

이런 좋은 관계는 공부 습관에도 영향을 미쳤다. '공부 관련해 가장 큰 영향을 준 사람'으로 7명(38.9%)이 부모, 2명(11.1%)이 형제를 꼽아 응답자 절반이 가족으로부터 긍정적 영향을 받고 있는 것으로 나타났다. 그래서인지 대부분(12명) "집이 편하다."며 "집에서 공부한다."고 답했다.

한국자기주도학습연구회 정철희 회장은 "특히 아빠 효과에 주목할 필요가 있다."고 강조했다. 그는 "엄마에게서 정서적 안정감을 얻는다면 아빠와 경제·정치·사회 현상에 대해 대화하면서 자연스레 논리력과 사고력을 기르는 경우가 많다."고 말했다. 신문을 읽고 아빠와 토론한다거나, 아빠와 다양한 직업군의 인물 인터뷰를 함께하며 진로 고민을 푸는 경우 등이 대표적이다. 아빠가 집에서 책 읽는 모습을 보며 독서 습관을 들였다는 아이들도 많았다.

초등 2학년 아이들에게 집에서 엄마 아빠와 얼마나 대화를 나누냐고 물었다. 대부분의 아이들이 매일 5~6시간 정도를 한다고 대답했다. 이때 아이들이 평소 부모님에게 자주 듣는 말은 "사랑해, 우리 딸!" "우리 딸 최고야!" "우리 딸 착하네!" "심부름도 정말 잘하는구나!" 등 '사랑한다'는 말을 일순위로 꼽았다. 또한 걱정이나 고민이 있으면 누구와 상의하느냐고 물었더니 대부분 엄마에게 이야기하고 다 해결해 준다고 대답했다.

그럼 초등 6학년 아이들은 어떨까? 하루에 엄마 아빠와 얼마나 이야기를 나누는지 물어 보았다. 대답은 "길지 않아요. 그냥 10분 정도?" "대화는 아니고 거의 잔소리만 듣죠." "공부하라거나 책 좀 읽으라는 이야기만 하세요." 등이었다. 초등 6학년 아이들에게는 공부에 대한 이야기가 대화의 전부라는 것이다.

그렇다면 사춘기가 절정이라는 중학교 2학년 아이들은 부모와 어떤 대화를 나누고 있을까? "출퇴근할 때만 인사해요." "아빠랑 딱히 대화를 나눈 기억이 없는데……." 등 놀랍게도 아빠와 한마디도 대화를 나누지 않는다는 아이들이 많았다. 이번에는 아이들에게 고민이 생기면 어떻게 하느냐고 물어 봤다. "부모님은 맨날 흘려들으니까 별로 말하고 싶지 않아요." "그런 생각 하지 말고 공부나 하라고 하지요." 등 우리나라 청소년 중 무려 6.8%가 아빠와 대화를 전혀 나누지 않고, 엄마와 대화를 하지 않는다는 비율도 2.5%에 달했다. 그리고 부모와의 대화 시간이 하루 30분 미만이라는 대답이 가장 높은 비율을 차지했다.

부모 교육을 받으면서까지 아이들과 소통하기를 열망하는 이 시대의 부모들, 그런데 왜 아이들이 자랄수록 점점 더 먼 얘기가 되어 버린 걸까? 이것이 지금 우리의 모습 아닐까? 필자는 자녀 교육에 늦은 시기란 없다고 생각한다. 아이들은 언제 어디서든 부모의 사랑으로 자란다. 내 아이에게 참 좋은 것을 주고자 하는 마음이면 바로 지금이 그 때라고 생각한다.

수학적 사고력과 직관력, 상상력에 대한 영감을 받은 것은 『니가 수학을 못하는 진짜 이유』(2005)라는 책을 읽고 나서였다. 이 책을 읽으면서 필자가 중학교 때 수학의 즐거움에 흠뻑 빠졌던 기억이 떠올랐다. 당시 필자의 아들이 중학생이었는데 수학의 도형 단원을 유레카 수학으로 적용해 보았다. 그때 아들은 어려운 문제까지 스스로 해결하고는 "유레카!"라고 외치며 좋아했다. 이후 필자는 고등학생들에게도 유레카 수학을 적용해 보았지만 생각만큼 결과를 얻지 못했다. 가장 큰 장벽은 수능이었다. 이때 유레카 수학을 제대로 적용하려면 초등학교, 중학교 때가 가장 효과적이라는 것을 알게 되었다.

필자는 교육 기부로 초등학생과 중학생을 대상으로 수학 코칭을 하였는데 놀라운 변화가 있었다. 수포자였던 아이들이 수학을 좋아하게 되는 계기가 되었고, 계속 새로운 문제에 도전해 나가는 아이들로 변화한 것이다. 유레카 수학의 가능성을 발견하게 된 필자는 무엇보다 부모를 먼저 코칭하는 것이 효율적이라고 생각하여 부모들을 대상으로 유레카 수학에 대한 강의를 시작했다. 이후 수학 교사 대상 연수에서도 유레카 수학을 소개할 기회가 있었고, 수업에 적용할 수 있도록 교과과정을 유레카 수학으로 재구성하고 수업을 디자인하는 시간을 가졌다.

'가르치지 말고 질문하라'는 유레카 수학과 '가르치지 말고 가르치게 하라'는 메타인지 학습법으로 수학의 완전한 공부법을 알게 된 아이들로부터 "와, 정말 야호 수학이네!"라는 감탄이 절로 나왔고, 이렇게 해서 '야호 수학'이 탄생하게 된 것이다. 2017년 7월부터 한국교원캠퍼스에서 부모와 교사 대상 원격연수로 '야호 수학'을 개발하게 되었다. 참고로 부모 대상 원격연수명은 '수포자를 수찾사로 만드는 야호 수학'이고, 교사 대상 연수명은 '배움과 감동이 살아 있는 야호 수학 수업 디자인'이다.

필자가 수학 코칭을 하면서 만난 학부모와 학생들, 선생님들의 응원과 격려로 살아 있는 '야호 수학' 사례들을 이 책에 실을 수 있었다.

그리고 책을 정리하고 마무리할 수 있도록 좋은 아이디어를 주고 수고해 준 즐거운학교 출판부 직원들에게도 감사를 표한다.

이 책을 통하여 학생, 학부모, 교사가 수학의 고통에서 해방되어, 수학은 재미있고 아름다운 학문이라는 고백이 나오기를 기대한다.

스스로 생각하고 스스로 답을 찾는
야호 수학

초판 1쇄 발행 2018년 4월 20일

지 은 이 권순현
펴 낸 이 이형세
편   집 정지현
디 자 인 오성민
제   작 제이오엘엔피
펴 낸 곳 테크빌교육㈜
주   소 서울시 강남구 언주로 551 프라자빌딩 8층
전   화 02-3422-7783(222)
팩   스 02-3442-7793

ISBN 978-89-93879-93-3 03370